U0053097

現代佛學叢書

臺灣佛教一百年

傅偉勳‧楊惠南主編／東大

闞正宗 著

國家圖書館出版品預行編目資料

臺灣佛教一百年 / 闞正宗著. －－增訂二版一刷. －－
臺北市：東大，2015
　　面；　　公分. －－(現代佛學叢書)
參考書目：面
ISBN 978－957－19－3073－2　（平裝）

1.佛教史 2.臺灣

228.33　　　　　　　　　　　　　　　103026938

ⓒ　臺灣佛教一百年

著 作 人　　闞正宗
發 行 人　　劉仲文
著作財產權人　東大圖書股份有限公司
發 行 所　　東大圖書股份有限公司
　　　　　　地址　臺北市復興北路386號
　　　　　　電話　(02)25006600
　　　　　　郵撥帳號　0107175－0
門 市 部　　(復北店) 臺北市復興北路386號
　　　　　　(重南店) 臺北市重慶南路一段61號
出版日期　　初版一刷　1999年11月
　　　　　　增訂二版一刷　2015年4月
編　　號　　E 220590
行政院新聞局登記證局版臺業字第〇一九七號

有著作權‧不准侵害

ISBN　978－957－19－3073－2　（平裝）

http://www.sanmin.com.tw　三民網路書店

《現代佛學叢書》總序

　　本叢書因東大圖書公司董事長劉振強先生授意，由偉勳與惠南共同主編，負責策劃、邀稿與審訂。我們的籌劃旨趣，是在現代化佛教啟蒙教育的推進、佛教知識的普及化，以及現代化佛學研究水平的逐步提高。本叢書所收各書，可供一般讀者、佛教信徒、大小寺院、佛教研究所，以及各地學術機構與圖書館兼具可讀性與啟蒙性的基本佛學閱讀材料。

　　本叢書分為兩大類。第一類包括佛經入門、佛教常識、現代佛教、古今重要佛教人物等項，乃係專為一般讀者與佛教信徒設計的普及性啟蒙用書，內容力求平易而有風趣，並以淺顯通順的現代白話文體表達。第二類較具學術性份量，除一般讀者之外亦可提供各地學術機構或佛教研究所適宜有益的現代式佛學教材。計畫中的第二類用書，包括經論研究或現代譯注，專題、專論、專科研究，佛教語文研究，歷史研究，外國佛學名著譯介，外國佛學研究論著評介，學術會議論文彙編等項，需有長時間逐步進行，配合普及性啟蒙教育的推廣工作。我們衷心盼望，關注現代化佛學研究與中國佛教未來發展的讀者與學者共同支持並協助本叢書的完成。

傅偉勳、楊惠南

再版序

一九九九年本書初版，距今 (2015) 已超過十五年。

此書為個人初出茅廬之作，當年服務於菩提長青雜誌社，從事佛門人物及寺院的田野調查，因而累積一些圓寂僧侶生平傳記。承前臺大哲學系楊惠南教授的錯愛，囑我撰寫百年來臺灣的佛教發展史。遂將所見所聞，配合所收集的史料，草成此書。

隨著佛教創辦高等教育如雨後春筍，加以宗教等系所開課之所需，本書多年來忝列臺灣佛教史參考書目之一，誠惶誠恐。而自己也從田調、採訪而走入學術殿堂。在不斷地研究中，再回首看此當年之作，當然無法令人滿意，但除重寫新書，否則若要改寫並不容易。

過去十五年來，個人又至少出版五本以上有關臺灣佛教史的研究新作，其大要者如戰後臺灣佛教史《重讀臺灣佛教——戰後臺灣佛教》(2004，大千)、論文集《臺灣佛教史論》(2009，宗教文化)、日據佛教史《臺灣日治時期佛教發展與皇民化運動——「皇國佛教」的歷史進程 (1895–1945)》(2011，博揚文化)。

而過去三年多來，又與研究臺灣史的學者朋友合撰《臺灣佛教通史》，凡此種種，都說明臺灣佛教史的研究，已經進入一新的里程碑。

今年收到東大圖書公司負責再版工作的蔡小姐，寄來此書再版的原稿，囑我作一修改。在無法重寫的情況下，我進一步校對，並改正一些錯誤及觀點，同時補充十七位圓寂法師小傳，在儘可能的範圍內符合這些年新的歷史與詮釋。

是為序

闞正宗

於佛光大學

二〇一五年三月十六日

自 序

　　這本《臺灣佛教一百年》的編纂，在五年前就已開始進行了。由於自己長年從事佛教寺院的田野調查，很多本土僧侶的生平簡介，都需要隨寺院歷史傳承一併撰寫，而且人數不少，加上教界內外又未見有相關資料的彙編，故在四年多以前就利用機會收集並撰寫。當初給這本書初訂的名稱為《民國僧人小傳——臺灣篇》，書如其名，主要是想以臺灣的僧侶為主體，年代是限定在民國（一九一一年）之後往生的一律收錄，其中當然也涵蓋一九四九年大陸來臺的僧侶。本書的主要功能是以工具書的型態撰寫，方便各界人士去查閱近百年來（橫跨清代、日據、民國）在臺僧侶的生平資料。

　　就當資料收集兩年多餘，東大圖書公司「現代佛學叢書」的主編楊惠南教授囑咐，希望能撰寫有關佛教議題的書籍，當時初估收集資料僅達六成左右，若要完成尚需至少一年以上的時間，所幸楊教授並不在時間上多作限制，以至於將答應交稿的時間又延了半年。

　　事實上，本書的撰寫從原本單純的僧侶生平簡介，擴充為臺灣佛教四大法脈的系統介紹，再擴大光復以後大陸來臺法派的介紹，整個年代橫跨了清末、日據與民國（光復之後），使本書的內容不至於太單薄，這也是始料未及的。

　　臺灣佛教歷史在看似不長的發展中，很多研究者都有一

個共同的心得，那就是不很容易研究。主要的原因，當然是史料散失，以及取得的不易。我個人相信，除了史料、文獻可作為臺灣佛教史的重建之外，從佛教寺院的歷史傳承，以及弘法僧侶生平的彙編著手，也是一項重要的工作，在某種程度上可以彌補史料的不足。

本書的僧侶生平資料來源非常廣泛，日據時代的主要有《南瀛佛教》、《臺灣全臺寺院齋堂名蹟實鑑》、《臺灣佛教名蹟實鑑》，光復後的期刊、書籍主要有《海潮音》、《獅子吼》、《菩提樹》、《臺灣佛教》、《覺生》、《新覺生》、《臺灣佛教大觀》、《臺灣佛教寺院庵堂總錄》等等。因為這些期刊、書籍具有互補性及延續性，對追蹤寺院僧侶正確的弘法生平有一定的作用。但是，其中的漏洞也確實存在，而且一旦線索中斷，想要從其他的管道來銜接，就變得困難重重。或許有人會說，可以直接從其駐錫過的寺院下手，這一點也是無庸置疑的。我曾將手邊或生年不詳，或卒年不詳的僧侶，透過電話查詢其所屬的寺院，只有不到一成的比例可以或願意協助，其餘九成以上皆以「不知道」、「不認識」來回答。不過這也沒什麼奇怪的，因為其中至少包括三個原因使他們作出這樣的反應，第一是寺院已「改朝換代」，現任住持的傳承和先前者不同；第二，由於年代相隔數十年，祖孫輩分超過二代或三代；第三是可能心存警戒，怕是媒體或特定單位的調查行動。以上任何一項原因都是可以理解且值得體諒的。

在五年多的收集與撰寫中，所得到的部分資料，有的僅是聊聊數十語，而且在嘗試多種管道之後仍未見突破，實在令人慚愧。但是，由於史料珍貴，仍然以戒慎恐懼的心情將

之錄下，希望將來或有增補的機會。

　　在長年從事佛教寺院的田野調查中，除了寺院本身歷史沿革之外，其中可延伸出來的，或說是周邊效應是多方面的，譬如像是僧侶的分布、法脈的傳承、宗派的興衰……等等，只要資料完整都可以單獨勾勒成書。希望藉由本書的出版，可以概略提供臺灣佛教近百年來傳衍、興衰的歷史事實，並鑑古知今，對未來臺灣佛教發展的方向有所思索。

　　最後要說明的是，本書所收錄的僧人，主要都是現存的佛教各派系的傳承者，其中有些僧人甚至在日據時代曾住持過一些亦佛亦道的道場，在當時被劃歸於佛教之下，但由於這些道場雖有佛教僧人住持，卻掛名性質濃厚，無法將之依一般正常理解歸屬何宗何派，例如臺北龍山寺，苗栗大湖法雲寺派的開山者覺力法師於日據時代曾住持過，五股的觀音山派下門人觀妙法師光復後亦曾住持；另外北港朝天宮，日據時代有臺南開元寺派僧人捷圓住持，諸如此類的道場，就沒有將之分類編排，實有其不得已之處。

闞正宗

於菩提長青

一九九九年七月十五日

臺灣佛教一百年

目　　次

一、基隆月眉山派

(一) 前　言

　　基隆月眉山靈泉寺的創建始於善智上人 (1852～1906)，卻成於善慧法師 (1881～1945)。善智與善慧兩人是同門師兄弟，皆皈依在福建鼓山湧泉寺景峰法師門下，所不同的是善智上人剃度於清光緒十七年 (1891)，而善慧法師是在善智的引薦下，於清光緒二十八年 (1902) 削髮為僧。

　　善智與善慧的信仰系統，早年皆源於齋教。善智上人，俗名胡阿紅，基隆市草店尾人，三十八歲以前仍拜在基隆當地龍華教派掌教，也就是代明宮張太空（法名普漢）的座下。三十九歲那一年 (1891) 內渡福建鼓山湧泉寺出家並受戒，後駐錫鼓山三年。清光緒二十四年 (1898) 回臺時，善智上人偕同參妙密上人 (?～1901) 前來，首先駐錫於基隆市的清寧宮。當年的臺灣佛教環境，出家人甚為稀少，除了臺北五股凌雲禪寺的寶海法師、臺南開元寺的玄精法師、高雄大崗山超峰寺永定法師、宜蘭真精法師，以及幾位香花和尚之外，基隆一下便來了兩位和尚，無疑是一件相當引人注目的事。素有善根，並於清光緒二十二年 (1896) 隨母皈依在龍華齋教，拜基隆市代明宮源齋堂（有說投禮太陽媽廟源齋堂堂主張太空

座下）張太空為引進的善慧法師，得知這個消息之後，便前往親近善智與妙密二人。

如果我們推測得沒錯的話，善慧法師由於和善智兩人都是拜代明宮張太空為引進，是故當善智法師偕妙密上人回臺時，代明宮作為兩人皈敬之所，當然有可能相互介紹而認識。退一步想，善智是基隆市草店尾（今仁愛區）人，善慧亦是基隆市人（原籍福建汀州永定），且兩人年齡相差不到三十歲，善智未渡海赴閩出家前，兩人或許已結識也說不定。

善智與妙密兩人來臺不久便在基隆奠濟宮二樓的水仙王宮講經說法，善慧法師早晚親近，參禪辯道，閱讀經典。清光緒二十八年 (1902) 四月八日福建鼓山湧泉寺第二十一代住持妙蓮老和尚 (1824～1907) 開戒於本寺，善慧於是隨善智內渡，同行者還有新戒善性和尚。善慧祝髮於景峰和尚，與善智同為師兄弟，受具足戒，嗣法於志泉老和尚。善慧並於鼓山駐錫近五個月，於同年秋與善智一同返臺。

就在善慧赴閩出家受戒的前一年 (1901)，妙密上人於七月間圓寂。但由於三、四年來妙密、善智的大開法筵，信徒皈依者不斷增多，是故便有擇地建寺之議。善智與善慧原本想尋一僻靜之地，仿鼓山祖庭建寺。首先探尋的寺地就是紅淡林（今基隆寶明寺原址），但董事之一的許松英認為龍脈不佳，極力反對。後來大水窟齋友林來發居士，於清光緒三十一年 (1905) 獻出自家茶園一甲餘地作為建寺用地。隨即準備建材，當年本圓和尚 (1883～1945)，也就是五股凌雲禪寺法脈的開展者，亦擔任了靈泉寺建村搬運之一。越一年九月，善智上人在新建落成不久的大雄寶殿誦經，經畢突感不適，

回方丈室後即圓寂，世壽五十四，戒臘十六。後靈泉寺未完成的創建工程，全落在善慧法師的肩上了。

善智上人所收的弟子，據知僅有德馨法師 (1882～1942) 一人，德馨法師後來任靈泉寺第二代住持。

善慧法師，俗姓江，名清俊，字常覺，別號露堂。接續善智上人建寺的重擔之後，光緒三十四年 (1908) 九月佛殿才告竣，十月舉行晉山大典，善慧理所當然地成為第一代住持。由於善慧和尚在前一年 (1907) 已加入日本曹洞宗僧籍，是故在晉山典禮上，日本曹洞宗大本山石川素童禪師（明治天皇敕賜大圓玄致禪師）特渡海來臺與會，並親任善慧為駐臺佈教師，兼靈泉寺住持。

靈泉寺建寺工程並沒有因為佛殿的落成而告終，反而一直持續至民國七年才全部完工。這期間增築的工程有功德堂、前殿、天王殿、西歸堂、報恩堂、講堂、禪堂、山門。民國六年九月「靈泉三塔」竣工時，還特請太虛大師及岐昌法師蒞寺主持水陸法會，靈泉寺及善慧法師之名聲有達到顛峰之勢。

事實上，善慧法師在加入日本曹洞宗的僧籍後，由於受日本當局信任，當善慧晉山後，石川素童並將其弟子德融和尚攜往日本，這是第一個留學日本的臺灣僧侶。善慧即被日本曹洞宗本山任為佈教師，以他的頭銜、聲望及與日方良好的關係，便積極展開各種佈教工作。

首先，善慧在一九〇九年聘請大陸福建鼓山聖恩老和尚來寺教授佛事道場唱誦儀式。一九一〇年在靈泉寺舉辦第一次在家二眾的傳授戒會，戒子共有三十餘人，這是臺灣佛教

史上重要的本土戒會之一。

民國元年 (1912) 二月善慧法師偕前清秀才蔡桂村赴日面會內務省宗教局長柴田氏，並得曹洞宗管長石川授與《南北龍藏大藏經》(《新修訓點大藏經》)，事後善慧並將在日留學的弟子德融攜回臺灣。當年德融隨石川素童赴日，至輟學回臺共不到四年的時間。同年 (1912) 一月一日日本並追認補頒給德融中學第三學期畢業證書。

善慧急於接弟子德融回臺襄助寺務，大約可在兩件事上看出端倪，第一是那年秋天靈泉寺增建了講堂一座，購置寺前水田一百餘石，山林二十餘甲；而於八月二十日至九月二十一日在寺裡首開全臺性的「愛國佛教講習會」，會中除有日本曹洞宗派渡邊靈諄助講外，更由大陸聘請鷺江虎谿岩高僧會泉法師 (1874～1943) 主講。在這場講習會中，很清楚角色的分配是善慧法師負責閩南語的翻譯，德融則主日語的解說。這次講習會共吸引了全臺會員三十餘人參加。

善慧法師作為臺灣月眉山派的創始者，其計畫與作為是相當縝密的。從一九一二年二月偕德融回臺後，四月即相偕赴大陸內地遊歷寺院名勝，如天童寺、普陀山、上海、杭州，以廣結善緣。相信會泉法師的來臺主持「愛國佛教講習會」，當和這次內渡有關。

一九一三年八月再攜弟子德融、德雲遊緬甸、印度，並請回玉佛二十餘尊及佛舍利，其中仰光三大玉佛分鎮大殿，兩涅槃玉佛奉於舍利殿及客廳。

一九一四年初春內渡請回舍利塔一座，四月為在家二眾舉辦第二次授戒大會，七月德融晉任副寺並兼任日語教授。

八月十五日禪堂竣工暨舉辦全臺性僧俗坐禪大會，為期三個月，共有四十餘人與會。十月九日德融被日本曹洞宗延聘為駐臺佈教師。至此靈泉寺與善慧法師的地位大致底定。

一九一五年聘請大陸鼓山性進法師為靈泉寺信眾講解叢林清規，這一年八月也正是「西來庵」事件爆發的同一年。由於善慧法師早在民國前五年 (1907) 即編入日本曹洞宗僧籍，是故「西來庵」事件後很多寺院（今齋教、道教）受到輕重不同程度的衝擊，但善慧法師及靈泉寺並未受波及，反而步伐邁得更快，發展得更順利。

一九一六年四月臺灣總督府舉辦「勸業共進會」，全臺佛教相關人士齊聚曹洞宗臺灣別院（今東和禪寺），善慧、本圓 (1883〜1945)、覺力 (1881〜1933) 這在日據時代有「三山傑僧」之稱的三位法師上臺輪流演講。善慧法師並在會中勸募籌建靈泉三塔，越一年九月十九日靈泉三塔竣工。

勸業共進會會期中，善慧與別院的心源和尚 (1881〜1970) 等組織佛教青年會，並在第二會場設臨時佈教所，後感於佛教人才養成的重要，故先於曹洞宗別院的觀音禪堂開設「私立臺灣佛教中學林」（即今泰北中學前身），並向日本政府立案，善慧法師後又接任校長一職凡十五年。

靈泉三塔在一九一七年九月完工後，即聘請岐昌與太虛 (1890〜1947) 來臺主持水陸道場慶祝三塔落成，由於是全臺首創，甚為轟動。一九一八年春建開山堂，並傳授第三屆在家二眾弟子戒會，同年秋開山堂竣工，至此善慧法師所主持的靈泉寺工程才完全告一段落，接著是與弟子德融法師全力經營佛教中學林的開始。

　　一九一七年四月佛教中學林開學時，善慧任學監，德融任助教授，後改任副學監。由於中學林草創之初，開辦費日幣六千元，其中三千元由大石堅童禪師向宗務院申請，餘三千元由善慧、心源、本圓、黃玉階及臺南開元寺負責籌措。一九二〇年三月送出第一屆畢業生十人，次年校長大石堅童駐臺期滿返日，善慧接續中學林校長。由於中學林自創校以來每靠募款支應開支，善慧法師認為非長久之計，遂在基隆市開設一肥料公司。結果因經營不善，不到一年就結束營業，向曹洞宗借來開設公司的三千元不僅無法償還，中學林的經營更陷入危機。一九二二年曹洞宗在臺佈教總監水上興基向日本曹洞宗宗務院申請特別補助，經核准每年補助五千元才渡過難關，而校名因而更改為「私立曹洞宗中學林」，德融法師轉職學監。

　　一九二四年四月善慧法師被邀聘至福建鼓山湧泉寺任羯摩和尚傳授四眾戒會，虛雲任得戒，復仁任教授。同年十一月於靈泉寺內設「靈泉佛學院」。一九二五年內渡怡山長慶寺開春季四眾戒會，這一年並與虛雲老和尚合出記載鼓山法脈的《星燈集》。

　　善慧法師自任靈泉寺住持以來，屢屢邀請內地高僧來臺，或內渡傳授戒會，並與太虛、圓瑛、會泉等著名高僧交往，其往返之方便，在在都表明其受日本政府信任的程度。善慧法師作為溝通中日橋樑的角色，故他的頭銜曾有「杭州日華佛教會長」，這都有助於游走於中、日、臺三地之間。

　　一九二六年四月四日至九月六日靈泉寺為慶祝建寺二十週年舉辦第四屆在家二眾戒會。一九三〇年善慧法師將住持

一職傳給德馨（善智唯一弟子），而沒有傳給德融，這顯出善慧之大公無私與尊師重道的情操。卸職後的善慧法師開始了他遊歷南洋的弘化工作。

一九三八年八月三十一日曹洞宗任命德融為靈泉寺住持及基隆駐在佈教師，德馨法師退位。一九四〇年善慧法師六十花甲在寺開授四眾戒會，一九四一年善慧隱居於北投淨蓮院（今法雨寺），同年德馨亦六十花甲再開四眾戒會。一九四三年八月德馨圓寂於石壁潭寶藏寺（今臺北中正區寶藏寺）。一九四五年臺灣光復，同年十二月善慧法師圓寂於臺北士林啟明堂，壽六十五歲。

善慧法師崛起於日據時代，而就當臺灣光復籌組「臺灣佛教總會」就緒，他卻未及召開大會即於一九四五年十二月示寂，靈泉禪寺似乎也因此沈寂了下來，彷彿完成階段性任務般地。

一九四七年在靈泉寺住持德融法師的主導下，改以民主選舉方式推舉住持，任期三年，普壽和尚當選。一九五〇年文印法師（1913～1975）任第五代住持，文印法師為德融之弟子。一九五三年德融當選第六代住持。

一九五五年為紀念善慧法師圓寂十週年，特開四眾戒會暨水陸大齋報恩法會。一九六一年普欽和尚（1894～1971）當選第七代住持，一九六五年連任。一九六八年修嚴（晴虛）接任第八代住持。

靈泉寺在佛教教育的養成上有著一貫的傳統，如：一九一七年佛教中學林的創辦，一九四〇年靈泉禪林的開辦，以及短期的佛教講習會等等。當修嚴法師在其師父普欽住持任

內（1964 年 5 月），即協助正覺學苑的開課，後來正覺學苑與「華文佛教學院」並列為靈泉寺教育重心。

靈泉寺的法脈遍佈全臺，法眷分燈自不在話下，日據時代較有名者由北往南計有基隆寶明寺、極樂寺、菩提寺、蓮法寺、楞嚴寺、大佛寺、佛教圖書館，臺北地區有淨光寺、靈光寺、法雨寺、啟明堂、報恩堂、菩提講堂，宜蘭有善法寺、妙覺寺、明光寺、福嚴寺，花東有東淨寺、祥德寺、海山寺，臺中有靈山寺、慎齋堂、佛教會館，臺南有法華寺，高雄有禪海寺，屏東有觀音禪院，其他地方如：嘉義的圓光寺、義德寺，彰化的善德堂都是其法脈，但其中有部分在臺灣光復後已易主。

作為臺灣佛教四大法脈的月眉山系統，在光復後，由於善慧法師的早逝，加上德融法師認為日式佛教和中國佛教隔閡無法避免，是故萌生退意，將住持之位改為選舉產生。德融法師及其弟子皆受日式佛教教育，國府遷臺大力壓制日本在臺殘餘文化，加上德融並不像其師善慧以溝通中日佛教橋樑自許，靈泉寺的逐漸沒落是有其脈絡可尋的。

日式佛教文化的被淘汰，加上光復後慈航法師 (1893～1954) 應中壢圓光寺妙果老和尚 (1884～1963) 的邀請來臺主持光復後的第一座佛學院──「臺灣佛學院」，本地慕名而來的學僧集聚一堂。後來印順法師在新竹創辦佛學院，基本上取代了沈寂不振或運作困難等本地的佛教教育單位。靈泉寺以辦教育起家，如今盛況不再。不過，這是日式寺院普遍的現象，並非個案。

一九六八年修嚴接掌住持，他是前任住持普欽的弟子，

力圖發揚靈泉寺的光輝歷史，開闢山路通暢交通，並創立佛
學院培育僧材。

本文主要參考資料

1. 《臺灣佛教》雜誌，民國六十年十一月三十日出版，頁4～
29 之〈曹洞宗史料上篇〉。

2. 其他資料：

　　①《中國佛教發展史》（中），天華出版公司，民國七十
　　　三年五月一日出版，頁 1022～1093 之〈臺灣的佛
　　　教〉。

　　②《中印佛學泛論》，藍吉富主編，東大圖書公司，八十
　　　二年十二月出版，頁 259～291 江燦騰之〈日據前期臺
　　　灣北部新佛教道場的崛起〉。

　　③《臺灣佛寺導遊》，菩提長青出版社，民國七十九年九
　　　月初版，頁 138 之〈靈泉禪寺〉。

　　④《臺灣佛教名剎》第三集，華宇出版社，民國六十二
　　　年三月五日初版，頁 8～12 之〈靈泉禪寺〉。

　　⑤《臺灣佛教寺院庵堂總錄》，佛光出版社，民國六十六
　　　年四月十五日初版，頁 244～245 之〈靈泉禪寺〉。

(二) 月眉山派重要法師小傳

【善慧】僧　1881～1945

善慧法師，法名常覺，別號露堂，俗名江清俊，基隆市人，祖籍福建汀州府永定縣，一八八一年二月九日生。一九〇〇年欣遇鼓山湧泉寺來臺高僧妙密、善智，從而受學佛經。一九〇二年由善智大師引導至鼓山，禮景峰和尚出家，並普受具戒。後返臺於基隆月眉山創建靈泉寺。

一九一二年赴日請回一部《新修訓點大藏經》，翌年攜徒德融赴印度朝聖，並遊歷大陸、緬甸各地叢林名剎。一九一七年應臺南士紳之請，重興法華寺及彌陀寺；一九二四年受鼓山湧泉寺主持開壇傳戒，次年又應怡山長慶寺之聘傳授四眾戒會。

善慧法師自一九一〇年以來即在靈泉寺開設短期學院，訓練青年僧，一九一七年因而創立「臺灣佛教中學林」，自任學監，後繼任為校長。一九四五年八月臺省光復，師積極組織臺灣佛教總會，然未及召開師即於同年十二月十一日圓寂，世壽六十五，僧臘四十六秋。

【善性】僧　?～1918

善性法師，一九一一年任臺南市法華寺住持三年，其間曾獲日本官廳許可募緣重建法華寺，一九一五年八月竣工，一九一八年善性和尚逝後由善昌法師繼任。

【善昌】僧　1884～1973

善昌老和尚，俗姓郭，籍隸今臺灣新北市
金山區，一八八四年生，髫齡就讀，研習漢
學，復入公立學校修校，畢業後即皈佛而出家
於基隆月眉山靈泉寺，道業精進，一九一八年
由善慧大師引導赴福建鼓山湧泉寺，禮景峰禪
師為師，賜法名常盛，受具足戒。返臺後，初任靈泉寺執事，
未久晉任為副住持，弘法利眾，法緣殊勝。次歲，原法華寺
住持善慧禪師遠遊南洋，遂接任為住持，由於法華寺年久失
修，乃銳意於整建興寺工作，自繼任住持凡達五十餘年，對
該寺一切建設，貢獻至偉，在耄耋之年，又發誓願創立法華
寺附設之育幼院，以期慈濟孤幼，自兼該育幼院董事長。一
九七三年往生。

【德韞】僧　?～1934

德韞法師，早年出家於基隆月眉山靈泉寺，後受戒於福
建鼓山湧泉寺，一九二八年與弟子普明法師住持臺東海山寺，
一九三四年三月間圓寂，同月二十九日於海山寺開追悼會。

【德本】尼　1871～1946

德本尼師，一八七一年生，俗名黃吳粉，
少年時期信佛虔誠，二十二歲時皈依佛門，一
九三三年建設基隆寶明寺(前身為曹洞宗寶明
佈教所)，並任寶明寺住持，一九三八年登錄
日本曹洞宗大本山僧籍，一九四六年往生，享
年七十六歲。

【德馨】僧　1882～1942

德馨法師，俗姓邱，基隆市人，生於一八
八二年四月八日，十九歲時皈依龍華齋教，一
九〇〇年於福建鼓山湧泉寺禮善智法師出家，
同年與善智一同返臺。一九〇六年於鼓山受戒
（得戒為妙蓮和尚）。一九一二年任基隆靈泉
寺佈教師，一九一九年重興臺北寶藏寺，一九三〇年任靈泉
寺住持，一九三二年任基隆寶明寺副寺，一九三五年任汐止
靜修院主任，一九三八年任士林啟明堂兼任管理，六十一歲
圓寂於寶藏寺。

【德平】尼　1873～1948

德平尼師，俗名蘇素，一九〇四年夫死，
翌年皈依月眉山靈泉寺善慧法師，後於一九四
一年受比丘尼戒，自一九〇三年即住持瑞芳金
山佛堂，一九四八年往生，世壽七十六。

【德融】僧　1884～1971

德融法師，臺北汐止人氏，俗名沈烏番，為沈公捷志第
三公子，生於一八八四年，一八九八年入水返腳公學校（今
汐止國小），十六歲時入龍華齋教，為「源信堂」信徒，與月
眉山靈泉寺開山善慧法師即因齋堂而認識。後於日人開設之
照像館任助理及翻譯，公學校未畢業即休學。一九〇七年於
靈泉寺禮善慧法師出家，同年赴福建鼓山湧泉寺受具足戒。
回臺後助善慧法師建設靈泉寺。一九〇八年善慧晉山，日僧
曹洞宗管長石川素童來寺住持，返日時攜德融法師赴日留學，
翌年入曹洞宗第一中學林。一九一一年輟學回臺幫助寺務，

任靈泉寺日文教師及外副寺。一九一三年被日本曹洞宗任命為駐基隆後補佈教師，准自由全島旅行。

一九一八年赴日接受傳法，法歸石川素童禪師座下。從一九二〇年至一九三九年全心奉獻臺灣曹洞宗學林（今泰北中學前身）。一九三八年任靈泉寺住持，一九四七年卸任，一九五三年再任住持，一九五五年在寺傳春季三壇大戒。一九七一年十月五日示寂於金山善德寺。

【德實】尼　1884?～1945

德實尼師，幼年即虔誠信佛，十七歲時隨福信大和尚學習佛典禪學，三十九歲時開始茹素，四十歲皈依月眉山靈泉寺善慧法師研究佛教奧義，一九二四年自建佛堂教授佛學，後住持基隆淨因禪寺（齋堂）。

【德欽】尼　1888～1961

德欽尼師，一八八八年一月十五日生，彰化鹿港人氏。一九一四年三月十日於彰化柑仔井善德堂帶髮修行，翌年於臺中慎齋堂研讀儒學古文。二十七歲時與同門德新 (?～1937) 接掌臺中霧峰青桐岩靈山寺（俗稱觀音廟），並親自以監院的身分招收男女學生八十名教讀識字。四十七歲赴福建鼓山求法。一九三七年十月十三日在青桐岩靈山寺傳二眾戒會，受戒男女達三百餘人。

一九三七年依善慧法師正式出家，並受戒。一九四六年青桐岩靈山寺因山洪被沖毀，乃赴臺中市現址創建靈山寺，同年十二月動工，翌年春落成，由德真尼師任住持，自任監院。一九六一年辭監院，同年九月十六日圓寂。

【德真】尼　1891～1989

　　德真尼師，俗名許悅，乃霧峰頂厝林家望族，一八九一年生。一九三七年依善慧法師出家，一九四六年霧峰青桐岩靈山寺因地震導致洪水毀壞，乃出資於臺中市現地創建靈山寺，並任開山住持，一九六四年卸任由普願尼師接第二任住持，一九八三年普願圓寂，由普聞尼師任第三任住持。

【德瑛】尼　1900～1972

　　德瑛尼師，俗名林粉，童真入道，十六歲時於臺中慎齋堂帶髮修行，一九六四年三月正式圓頂，後於基隆十方大覺寺受戒，一九七二年元月二十六日無疾而終，寂於慎齋堂，世壽七十二，僧臘、戒臘俱九秋。

【德林】僧　1902?～1951

　　德林法師，俗名林茂成，臺灣雲林人氏，出家禮基隆月眉山靈泉寺善慧法師剃度，為首屆臺灣佛教中學林畢業，畢業後住持臺中佛教會館。德林法師是日本禪學大師忽滑谷快天的追隨者，積極入世，提倡僧侶可以結婚，並身體力行，受當時教界內外抨擊，一九五一年圓寂。

【德熙】尼　1903～1968

　　德熙尼師，俗名張月珠，一九〇三年九月九日生，臺中人氏。其父為臺中慎齋堂堂主，父逝後師與黃桃、林粉佐其祖母主持堂務，一九四四年繼任慎齋堂堂主。臺灣光復後於一九四六年任臺中市婦女會第一屆理事，翌年出任佛教會臺

中支會理事。

　　慎齋堂因都市計畫而遷建，一九六〇年八月興工，翌年五月落成。一九六二年與同修數人請東初法師代為剃度，一九六四年於基隆十方大覺寺受具足戒，並退居由黃桃繼任慎齋堂住持，林粉副之，黃桃法名德梅，林粉法名德瑛。一九六八年因心臟病宿疾過世，世壽六十六，戒臘四夏。

【普鏡】僧　1872～1947?

　　普鏡法師，俗名王阿爐，一八七二年生，三十八歲時因感人世無常開始茹素習佛，一九三三年任基隆寶明寺副住持，一九四六年住持德本尼師往生後繼任住持，翌年往生 (?)。

【普鑾】尼　1883～1971

　　普鑾尼師，生於一八八三年，早年與善福法師 (1876～1971) 共同創建北投中和禪寺，一九五五年於基隆月眉山靈泉寺受具足戒，一九七一年圓寂，世壽八十八，戒臘十六。

【普珠】尼　1884～1956

　　普珠尼師，祖籍福建，一八八四年生，十八歲時適吳家，婚後育有子女四人。一九二五年於基隆慶安宮禮德馨法師出家，嗣後受戒於月眉山靈泉寺，並協助德本尼師創建基隆寶明寺。一九五六年九月圓寂於寶明寺，世壽七十三。其長子後出家，法名智淵，曾駐錫臺北松山靈源寺。

【普欽】僧　1894～1971

　　普欽法師，生於一八九四年，十七歲時 (1911) 出家於基隆月眉山靈泉寺德字輩法師座下，後於福建鼓山湧泉寺受戒，並在寧波觀宗講寺追隨圓瑛法師研究佛學，回臺後至東臺灣

弘法，曾任法華寺、百善堂、新靈寺等住持，光復後接掌花
蓮東淨寺（日據時代由淨光寺與東臺寺合併），並任中佛會花
蓮支會常務理事，一九五二年與弟子宏錦尼師創建花蓮化道
寺（今名永寧寺），並將東淨寺交與同門普信居士。普欽和尚
於一九七一年圓寂，世壽七十八，僧臘六十秋。

【普謙】尼　1905～1963

普謙尼師，嘉義縣人氏，一九〇五年生，
二十一歲時於嘉義朴子高明寺出家。一九五三
年普謙尼師與高明寺尼眾另於朴子創建女眾
道場圓光寺，翌年竣工。普謙尼師於一九六三
年圓寂。

【普昌】僧　1906～？

普昌法師，新北市人氏，一九〇六年生，一九四八年發
起重建雙溪鄉聖南寺（日據時代之臨濟宗雙溪佈教所）。後前
任住持普興法師圓寂後接任本寺住持。

【普明】僧　1909～？

普明法師，臺北人氏，俗名鍾山林，一九〇九年生，二
十六歲時出家，並出任臺東龍山寺住持，二十八歲時轉臺東
三山堂住持，三十歲受瑞芳蓬萊峒管理人劉尚之聘轉蓬萊峒
住持，該峒創建於一九三〇年，為一天然海蝕石洞。

【修慧】尼　1909～1999

修慧尼師，基隆人氏，俗名簡鍼，一九〇九年農曆十月
一日生，十歲入基隆壽公學校就讀，十七歲適郭家，生有子
女三人。一九三四年夫往生，一九三八年禮基隆月眉山普提
法師剃度出家，一九四〇年出任明德寺住持。

一九四五年臺灣光復後接管日人所建，位於今基隆信二路之光尊寺，一九四六年改光尊寺為極樂寺，一九五一年重建極樂寺。一九六九年當選中佛會基隆支會理事長，並連任三屆至一九八三年止。一九八四年四月交極樂寺予佛光山星雲法師，一九九六年出版《修慧法師與極樂寺》一書，一九九九年六月四日往生，世壽九十一。

【文印】僧　1913～1975

文印和尚，俗姓何，一九一三年出生，為臺中市何春第四公子，幼隨慈母普足姑出入寺廟齋堂，深受薰陶，十七歲投月眉山靈泉寺出家為沙彌，禮德玄和尚為師。臺中工業學校土木科、臺中州佛學院、日本早稻田大學、日本書道學院畢業後，二十一歲於福建鼓山湧泉寺受具足戒，順道參訪各地名山、古剎。二次世界大戰，師隨善慧老和尚掛錫上海，組日華佛教會，救濟苦難，設義學，幫助失學青年，促進中日民間友誼，貢獻甚多。曾任靈泉寺第五代住持、基隆市佛教支會理事長、中國佛教會理監事等職，並受聘為慶安宮住持，一九七五年二月二十四日圓寂。

【普仁】僧　1914?～?

普仁法師，自幼受教於德實尼師，二十三歲時禮月眉山靈泉寺德融法師研習佛學禪理，後再拜圓光寺達虛法師研讀，日據皇民化運動時期復拜久寶寺日僧計良淨一研究日本式佛教經典及儀式，一九四一年左右被日本曹洞宗大本山管長任命為佈教師。

【普義】僧　1915～?

　　普義法師，俗名溫江水，一九一五年生，早年皈依在月眉山德融法師座下，後畢業於基隆月眉山禪林，日據時代駐錫瑞芳日新佈教所（金山寺），任曹洞宗佈教師及佈教所副主任，主任為德融法師，一九三六年因前任住持普聖法師圓寂而升任金山寺住持。

【普同】僧　?～1975

　　普同法師，一九六一年於宜蘭礁溪創建福嚴寺，先建大殿，一九六九年再建「福嚴寶塔」，一九七五年九月圓寂。

【普觀】僧　1922～?

　　普觀法師，俗名吳和源，一九二二年生，早年出家於月眉山靈泉寺，禮德蓮法師為師，並任靈泉寺監院。一九五一年於基隆仁愛區建佛教講堂，一九六六年遷移至基隆中正公園上，並改名為大佛禪院。普觀法師一九四八年慈航法師來臺時與之交往，並協助安頓來臺僧人於月眉山靈泉寺。

【普弘】僧　1924～1988?

　　普弘法師，一九二四年生，幼隨祖父學佛，蒙虛雲老和尚開示，乃禮妙本和尚為師，法名義靖，後又遇修學和尚自福建鼓山湧泉寺來臺，從其學習經藏，賜名梵齡，十四歲受戒於鼓山湧泉寺，回臺後禮德融和尚為師，字探

源,法號普弘。十六歲負笈東瀛駒澤大學,一九四七年返臺。一九五八年與德端(其俗家母)重建禪海佛寺,一九六○年十一月落成。一九七八年遷移寺地於燕巢區現址。

【普吉】僧　1924～?

　　普吉法師,俗名余錦洋,新北市人氏,一九二四年生,早年出家於基隆月眉山靈泉寺。一九五一年於臺北市延平北路一段創建金源寺自任住持。

【普願】尼　1924～1983

　　普願尼師,一九二四年生,俗名建寬,十七歲時於基隆月眉山靈泉寺出家,一九五四年於苗栗獅頭山元光寺受戒,一九六四年接任臺中靈山寺第二任住持,一九八三年圓寂。

【修然】僧　1903～?

　　修然法師,臺東縣人氏,一九○三年生,一九三七年臺東海山寺前住持普明法師圓寂後由修然法師接任。臺東海山寺的開山為德輻及普明兩位法師,一九三一年由月眉山前來開山。一九五一年臺東大地震海山寺全毀,修然法師雙眼失明,在信徒的支持下修建完成。光復後曾任臺東縣佛教支會理事長,一九五四年因病卸任住持之位。

【修正】僧　1904～?

　　修正法師,俗名李查晡,一九○四年生,新北市人氏。臺灣光復後住持瑞芳金泉寺,早年畢業於日本淨土真宗講習會。

　　瑞芳金泉寺,原創於一九二八年由日僧鹽崎亮惠應日本礦業株式會社之請建寺於此,原名稱金瓜石寺,屬日本淨土真宗。臺灣光復後由金銅礦務局接收,並聘請修正法師前來

住持。

【修悟】尼　?～1958

　　修悟尼師，一九二八年出家，駐錫花蓮東淨寺，一九五八年農曆四月三十日圓寂於東淨寺。

【修圓】尼　1916～1994

　　修圓尼師，俗名辜娟娟，一九一六年十一月十二日生於彰化鹿港，祖籍福建泉州，早年畢業於日本目黑女中，長住北京。一九四九年返臺，一九五四年禮汐止靜修禪院達心尼師代剃度出家，一九六一年春於北投奇岩山麓創建觀音禪寺，一九六六年竣工。一九九四年二月六日示寂，法接臨濟正宗五十七世，世壽七十八，僧臘四十，戒臘三十八夏。

【修端】尼　1916～1993

　　修端尼師，生於一九一六年，祖籍福建泉州，世居臺灣省基隆市。其父周老先生早歲於瑞芳經營金礦，兼營糧食業，家計無匱。上人慧根夙具，幼聞梵唄而生歡喜。二十二歲出家，二十三歲受具，二十五歲至七堵清修，雖茅茨土階，而道心堅固。一九四四年自中壢圓光寺佛教練成所結業，受禮請任彰化虎山岩住持。一九五三年北返，一九五八年至基隆市十方大覺寺戒壇求受增益戒。一九八一年，發願重修道場，歷任基隆市佛教會理事、常務理事等職。一九九三年農曆五月十四日（陽曆七月三日）亥時安詳示寂於法嚴寺，世壽七十八歲，僧臘五十七，戒臘五十五。

【妙淨】尼　1922～?

　　妙淨尼師，一九二二年生，早年出家於基隆寶明寺，後畢業於佛學院，基隆市人。一九五〇年於基隆信義區創建楞

嚴寺並任住持。

【修和】僧　1929～1981

　　修和法師，臺南人氏，一九二九年農曆元月生，十八歲時披剃於基隆月眉山靈泉寺文印法師座下，法名宏勤。二十歲時受戒於福建廈門南普陀寺，嗣轉養正院肄業，一九三〇年返臺，入臺灣佛學院就讀，一九五四年受聘為臺東海山寺住持。

　　一九五九年當選為臺東縣佛教支會理事長，一九六〇年當選中國佛教會臺灣省分會理事、中國佛教會弘法委員，一九六七年被聘為臺東文獻委員會委員。一九八一年往生，世壽五十二，僧臘三十五，戒臘三十三。

【仁光】尼　1926～1988

　　仁光尼師，一九四四年投禮基隆寶明寺修果尼師座下出家，一九五二年於臺南大仙寺受具足戒，後追隨道源法師於八堵創建海會寺。

　　一九八八年四月往生，世壽六十三，僧臘四十五夏，戒臘三十七秋。

【傳盛】尼　1935～2009　　　再版增列

　　傳盛尼師，字守盛，俗名吳賴春，一九三五生於基隆市。一九五一年於基隆千佛寺住持德明法師座下披剃。一九五九年，於臺中市寶覺寺受三壇大戒。

　　出家後，協助其師募建千佛寺七載有成。一九六八年於基隆獅球嶺在創佛光禪寺，一九八四年擴建地藏殿，一九九二年重建大殿，一九九四年圓滿。一九八九年，於寺中成立

慈行功德會，濟貧助寒。

　　二〇〇八年六月十三日示寂，世壽七十四歲，僧臘五十
八秋，戒臘五十一夏。

(三) 月眉山派下的寺院

　　一、靈泉寺／基隆市信義區六和街 1 號

　　二、寶明寺／基隆市仁愛區南榮路 463 巷 36 號

　　三、仙洞巖／基隆市中山區仁安街 1 號

　　四、法嚴寺／基隆市七堵區東新街 65 巷 48 號

　　五、大佛禪院／基隆市信義區壽山路 17 號

　　六、聖南寺／新北市雙溪區牡丹村聖南 30 號

　　七、金山寺／新北市瑞芳區汽車路 142 號

　　八、啟明堂／臺北市士林區大西路 54 號

　　九、報恩寺／臺北市士林區中山北路五段 102 號

　　十、觀音禪寺／臺北市北投區崇仰一路 11 號

　　十一、靈山寺／臺中市建成路 166 號

　　十二、高明寺／嘉義縣朴子市永和里 36 號

　　十三、義德寺／嘉義縣番路鄉內甕村凸湖 5 號

　　十四、法華寺／臺南市法華街 100 號

　　十五、福嚴禪寺／宜蘭縣礁溪鄉匏杓崙路 1–25 號

　　十六、海山寺／臺東市中正路 88 號

　　十七、東淨寺／花蓮市五權街 48 號

　　十八、永寧寺／花蓮市化道路 32 號

二、五股觀音山派

(一) 前　言

　　臺灣佛教四大法脈之一的觀音山凌雲禪寺，依《臺北縣文獻叢輯》第二輯記載：

> 位五股鄉觀音山腹，海拔三百餘公尺；上負懸崖，下臨深谷，形勢雄壯。乾隆四年，閩人來此，建廟其地，曰凌雲寺；因地處深谷盡處，又曰內岩寺；歷代香火不絕。清代末葉，地方靡亂，時為宵小盤踞；劉銘傳撫臺，乃一火焚之，廟遂中輟。宣統元年春，三重埔信士寶海，臺北富商劉金波，士紳林清敦等倡議重修，乃起工於年之十二月，成於翌年十一月，廟貌巍峨，稱臺北之冠。民國間，擬再修築下殿，基礎適成，因經費中匱而罷。寺有開山院、擁雲廬、楞嚴閣、觀月臺、達摩洞、拾得庵、寒山岩諸勝；當春秋佳日，桃紅楓老之際，遊人塞途。❶

---

❶　臺北縣文獻委員會發行，民國四十四年，頁 111～114 之〈臺北名勝古蹟志——凌雲禪寺〉。

　　文中提到「信士寶海」，事實上是寶海法師，俗名林火炎。他在明治二十九年 (1896) 出家，後赴福建鼓山湧泉寺受戒，明治三十三年 (1900) 返臺，在三重自宅設佛堂。後於明治四十二年 (1909) 得知臺北富商劉金波甫喪父，欲作功德，寶海親訪劉家，提議建寺供養，獲允。凌雲禪寺的起建於焉定案，工程自明治四十二年十二月開始起建，至翌年八月完工。

　　凌雲禪寺雖然落成，但所做的貢獻仍然有限，即使到了本圓和尚 (1883〜1945) 接掌凌雲禪寺的前七年 (1910〜1917) 中，依然並不很熱衷自立一派。後來之所以加入日本臨濟宗妙心寺派，是欲與善慧法師 (1881〜1945) 相抗衡之故，最後竟發展出觀音山這個法脈系統。

　　本圓和尚，俗姓沈，基隆市人，明治三十年 (1897) 他拜在清寧宮住持釋元精的座下❷，越一年，妙密、善智兩位法師來臺，駐錫在清寧宮弘法，本圓與善慧同時在此親近了這兩位法師。本圓和尚即在隔年 (1900) 在鼓山湧泉寺振光老和尚的座下受戒。受戒後本圓和尚因母思子目盲，回臺省親，隔年 (1901) 攜弟子覺淨法師 (1892〜1963) 至湧泉寺，後來覺淨在湧泉寺禮本圓和尚出家，在凌雲禪寺崛起的同時協助了本圓，並整頓西雲岩，成為接續本圓的第二代凌雲寺住持。

　　本圓和尚回鼓山後潛修多年，並遊歷中土名山名寺。民國前二年 (1908) 本圓自鼓山返臺❸。由於本圓和尚出身基

❷　《中印佛學泛論》，藍吉富主編，東大圖書公司，八十二年十二月版，頁 259〜291 江燦騰之〈日據前期臺灣北部新佛教道場的崛起〉。

隆，並和善慧同出於清寧宮，是故他返臺落腳的地點在基隆是無庸置疑的，地點可能是基隆的聖王公廟。

依曹洞宗史料記載：

> 沈本圓和尚，天資聰明，善作道場，本寺（靈泉寺）三寶殿落成後，受善慧上人之命，由聖王公廟遷往本寺為當家，亦為本寺功勞者之一。
>
> ⑴為本寺首次當家，指揮寺內一切事務。
>
> ⑵主持朝暮課誦及佛事道場。
>
> ⑶受善慧上人之命，到鼓山湧泉寺請聖（性?）進法師來寺教立叢林事法節儀式，及佛事道場唱誦，後因臺北觀音山寶海和尚圓寂，接任凌雲寺住持，暨其徒弟覺淨同離開本寺，自立觀音山一派。❹

從以上的資料中分析發現，本圓和尚自鼓山返臺後，一直積極地幫助善慧法師創建靈泉寺，例如：三寶殿是在民國前二年(1910)一月落成❺，本圓和尚即搬入靈泉寺任當家一職，不久凌雲禪寺的寶海法師因年邁無力寺務之發展，故乃聘請本圓為繼任者。本圓雖然與弟子覺淨一同離開靈泉寺，但仍然對靈泉寺多所協助，例如他就曾擔任建寺搬運及庫房

---

❸ 《臺灣佛教名剎》後部，華宇出版社，民國七十七年十月十日版，頁 218～231 之〈凌雲禪寺〉。

❹ 《臺灣佛教》季刊，民國六十年十一月三十日版，頁 4～29 之〈臺灣佛教史資料·上篇曹洞宗史〉。

❺ 同註❹。

四堂口之一❻，自己住持的凌雲禪寺在大正三年 (1914) 八月至隔年 (1915) 二月也僅用半年的時間略加整修而已。凌雲禪寺真正有計畫地擴建，是在一九一八年五月至一九二〇年一月這段期間❼，也就是「臺灣佛教中學林」開學之後不久，本圓選擇了與善慧分道揚鑣，加入日本臨濟宗妙心寺派，有別於善慧的曹洞宗派。

為何本圓會離開善慧靈泉寺的體系，依曹洞宗史料是這麼說的：

> 民國六年（臺灣佛教中學林）開學，第一代校長曹洞宗臺灣別院院主大石（堅童）老師，學監基隆月眉山開山善慧老和尚，臺北觀音山凌雲寺住持為副學監，本圓和尚因此事表示不滿，另起爐竈，和臺南開元寺改屬臨濟宗派，創辦鎮南學林，後因經費困難，經營四年即告關閉。❽

民國五年四月，因臺灣總督府落成舉行「臺灣共進會」，分為第一會場及第二會場，設立佛教臨時傳道所，舉辦佛教演講，本圓、善慧與覺力三人於第二會場輪流演講，之後臺北佛教界人士林普易，以佛教之興衰關係重大，乃倡組「佛教青年會」，本圓當時是贊助人之一❾。當時的「共進會」、

---

❻ 同註❹。

❼ 同註❷。

❽ 同註❹。

❾ 《臺灣省通志》，臺灣省文獻會，六十年六月三十日版，頁 48〜

「佛教青年會」加上後來的佛教中學林，全都是以曹洞宗臺北別院為中心，本圓和尚也都積極參與。但是由於留在曹洞宗善慧法師的派下，也僅能是副手的定位，這對同屬鼓山系統，比善慧更早受戒，輩分也較高的本圓而言，引起反彈似乎是預料中的事。離開曹洞宗最後一個職位——佛教中學林副學監，本圓和尚開始了他建立觀音山凌雲禪寺的計畫。

基本上，日本曹洞宗在臺因入日僧籍而較有影響力者，以善慧法師及覺力禪師為代表，而臨濟宗者，則以本圓和尚及臺南開元寺的傳芳法師 (1855～1918) 為代表。傳芳法師是臺南人，光緒七年 (1881) 投禮鼓山湧泉寺維修上人座下出家❿，民國二年接任開元禪寺住持，後赴日請回《大藏經》一套，民國七年圓寂。

本圓和尚離開所依附月眉山組織派下後，民國七年四月遇了契機，日本妙心寺派本山指派大僧長谷慈圓師來臺駐錫⓫，同年五月中相議觀音山本圓，言欲效法曹洞宗在臺的佈教方式，積極計畫建設，擬將事業分為教育、佈教、宣傳三個部門。首先創立「鎮南學林」教養僧侶齋友子弟，同時倡組「臺灣佛教道友會」。鎮南學林是相對於曹洞宗的臺灣佛教中學林，道友會則與佛教青年會相應，這樣效仿曹洞宗，可以很清楚地看出本圓和尚與臨濟宗長谷慈圓的合作旨趣。當時本圓已於前一年加入臨濟宗的妙心寺派，並憑著他多年協助善慧乃至曹洞宗各種建寺、傳法活動所累積的人脈與經

73 之卷二〈人民志禮俗篇宗教篇上〉。

❿ 同註❸，頁 236～250 之〈開元禪寺〉。

⓫ 同註❾。

驗，總算為自己爾後觀音山法脈的拓展踏出了第一步。

就在與長谷慈圓接觸之後，幾乎是同時，本圓和尚開始
他整建凌雲禪寺的工程計畫。新建工程從民國七年五月到民
國九年元月，這一年半的整建由於工程龐大，除了有劉金波、
林祖壽的贊助之外，不足的部分藉由勸募才解決。

有了莊嚴的道場，接下來便是加入日本宗派了。與曹洞
宗的合作關係因臺灣佛教中學林學監的問題而告終，加以民
國五年和臨濟宗長谷慈圓的合作成績不錯，根據《臺灣社寺
宗教要覽・臺北州》，附錄一之〈五股觀音山凌雲禪寺〉的說
明，就在民國九年凌雲禪寺整建完成後，本圓和尚在徵得信
眾代表劉金波、林清敦、林明德等人，以及寺中監院覺淨法
師的同意後，申請加入日本「臨濟宗妙心寺派」的派下❷。
但，根據日據時代昭和十六年 (1941) 二月二十一日發行的
《臺灣佛教名蹟寶鑑》觀音山凌雲禪寺之「沈本圓師略歷」
記載，本圓和尚明治四十三年 (1910) 任凌雲禪寺任職，大正
六年 (1917) 三月編入臨濟宗妙心寺派，同年三月被任命為臺
灣佈教使，大正九年 (1920) 被補為大本山西堂職。這其中比
較值得注意的是覺淨法師，覺淨是本圓的弟子，他也在民國
六年就被編入「臨濟宗妙心寺派」，旋被任為大本山座元
位❸。因此可說本圓的加入日本臨濟宗（或被補為大本山西
堂職等更上一層樓的職位）只是遲早的問題，他在等待的似
乎是凌雲禪寺擴建的完成，這個有利的時機。

早年協助善慧法師創建靈泉寺的經驗中，本圓法師並未

---

❷　同註❷。

❸　同註❸。

中斷凌雲禪寺的增築工程，他和善慧法師繼續賽跑。即使到了一九三○年，善慧將住持之位交給德馨，並在重修大雄寶殿後❹，完成了靈泉寺所有增築重修工程，本圓仍在努力建設凌雲禪寺，這些建築計有開山院、擁雲廬、楞嚴閣、觀月臺、達摩洞、拾得庵、寒山岩等❺。本圓雄心勃勃，與善慧的月眉山靈泉寺成分庭抗禮之勢。

當時曹洞宗的擴張十分快速，除了善慧法師的靈泉寺外，臺北稻江龍雲寺、大直劍潭寺、苗栗法雲寺、白河大仙寺，以及僧人皆得編入曹洞宗派❻。臨濟宗的起步比較晚，在日本妙心寺派大本山大僧長谷慈圓於大正七年 (1918) 來臺相議於本圓和尚創建臨濟宗「鎮南學林」之前，一九一二年曹洞宗已透過臺南的齋教，發起組織「愛國佛教會」❼，其目的乃是想將全島的佛教徒納入此組織之中。起初並不成功，直到一九一五年「西來庵」事件後才迅速擴張。一九一六年的「臺灣佛教青年會」，以及隨後的「臺灣佛教中學林」，都比臨濟宗在臺的佈教要來得早。

按常理，本圓和尚在「臺灣佛教中學林」創立之時 (1916) 離開了曹洞宗，隨即積極地以臨濟宗為另一個舞臺是可以預見的，是故首先接觸已入日本臨濟宗籍臺籍僧侶乃屬

---

❹ 同註❹。

❺ 同註❷。

❻ 同註❾。

❼ 《中國佛教發展史》(中)，中村元著，余萬居譯，天華出版公司出版，民國七十三年三月版，頁 1033～1093 之〈臺灣佛教〉。

必然。而當時如原開元寺的傳芳法師即以其派下已有八十餘座寺院❸，而成為本圓聯絡的對象。民國六年春夏之交，本圓與開元寺監院圓成法師，以及長谷慈圓曾往浙江普陀山造訪太虛大師未遇❾，也就是同年，本圓與弟子覺淨加入了日本臨濟宗籍，並任臺灣佈教使。只可惜臨濟宗具影響力的傳芳法師於民國七年圓寂，之後舉凡「鎮南學林」、「佛教道友會」的運作，本圓就成為主要的出力者。民國九年本圓和尚受補為妙心寺派大本山西堂職，而其主持的凌雲禪寺也在這一年年初大體落成。

民國四年，日人丸井圭次郎來臺負責臺灣宗教，後來任臺灣總督府內務局社寺課長，對於組織全臺佛教團體之事甚為關心。民國十年二月邀請基隆月眉山靈泉寺善慧、觀音山凌雲禪寺本圓和尚到社寺課內商議，二人同意丸井的提議，「南瀛佛教會」於同年二月二十六日假萬華龍山寺前艋舺俱樂部舉行成立大會，丸井課長推薦善慧、本圓、陳火、黃監四人為創立委員❷，後擴及全臺，召集人除日人外，善慧與本圓自不可缺。善慧代表曹洞宗，本圓代表臨濟宗，自此本圓不再僅是善慧的副手，已成為獨當一面，可與善慧平起平坐的佛教重要領袖人物了。

本圓和尚的凌雲禪寺的首次傳戒是在民國十二年十一月十一日，戒期雖僅一週，但來自全臺的四眾戒子卻有七百人

❸　同註❿。
❾　《太虛大師全書》第二十九冊之〈東瀛來真錄〉，臺北善導寺版，頁324～325。
❷　同註❾。

之多。根據本圓和尚親撰的《臺北觀音山凌雲禪寺同戒錄》，傳戒大和尚除由本圓自任外，羯摩和尚則是來自鼓山湧泉寺的聖恩老和尚，教授和尚則是首次來臺的圓瑛法師。善慧則任導戒師，大崗山永定師為授經師。其他的戒師還有如南元寺的得圓法師、臺南竹溪寺的捷圓法師，以及日人鈴木雪應、伊東大器等等❷。這種日據時代空前盛大的戒會，已將本圓和尚在臺的聲望推上了最高峰。

在戒會中值得一提的是圓瑛法師 (1878～1953) 的來臺。

一九二三年七月圓瑛法師應善慧法師的邀請到靈泉寺講演，由於善慧和圓瑛有十二年的交情，加上前兩次敦請其來臺，皆因事未果，正好圓瑛法師往南洋弘法，在其回國前夕特派代表前往邀請，才促成這次來臺因緣❷。圓瑛法師先駐錫基隆月眉山三星期，後到各地演講，計有臺中慎齋堂、新竹金剛寺、臺南開元寺。比較奇怪的是《圓瑛大師年譜》並沒有提到有關觀音山凌雲禪寺傳戒擔任戒師的事。也許這可以說明圓瑛法師的來臺，並非為觀音山傳戒一事而來，僅是時間上的巧合。圓瑛法師在善慧法師的接待下，直到隔年 (1924) 的三月才回到福建的泉州，並任開元寺的住持。

在凌雲禪寺的大規模傳戒後，本圓和尚與凌雲禪寺的聲望達到了最高，兩年後 (1925) 代表臺灣佛教訪問日本佛教聯合會❷，並在民國二十三年遊歷南洋及印度佛教聖蹟。本圓

---

❷　同註❷。

❷　《圓瑛大師年譜》，明暘法師主編，上海圓明講堂印行，一九八九年八月初版，頁 80～83。

❷　同註❸。

和尚圓寂於民國三十六年，由於是臺灣光復初期，使得觀音山凌雲禪寺的法脈系統的領導地位遭受動搖，弟子覺淨法師雖順利接掌凌雲禪寺，但卻起色不大。

覺淨法師一八九二年出生，桃園中壢人氏，早年在福建湧泉寺依本圓和尚出家，一九一四年隨本圓晉任凌雲禪寺副寺，並任監院，一九一五年受師命整理五股西雲禪寺，一九一七年任住持，一直是本圓的左右手。凌雲禪寺民國四十五年曾召開中國佛教會遷臺後的第六次三壇大戒戒場。

凌雲禪寺的傳法到了覺淨法師這一任似乎面臨了斷層，民國四十八年覺淨法師有意將臨濟宗的法脈傳給悟明法師(1911～2011)，當時悟明法師任監院。根據悟明法師的回憶是這樣的：

> 為了所謂「傳法問題」。三月二十九這一天，覺（淨）老在昭明寺一定要我接受，因為一旦接法，便是「觀音山」的「子孫」了。做觀音山的住持，是「肥肉不落外人口」的，中國人千古的絕症也正在這裡。我在此處無意傷害覺淨老人，因為這是中國積弱的主因之一，佛教衰相的促成的根源。
>
> 我堅持不必接這支法，正如我沒有必要做凌雲寺的住持一樣。在過去，大小寺院的住持，我已做過七八任，「方外皇帝」的癮已過夠了。
>
> 但覺老說：「悟（明）法師！你在觀音山凌雲禪寺五年，有汗馬功勞，你成為第二代開山祖師，是不成問題的。凌雲寺從來沒你這樣做事的當家，便是全臺

也找不出這種長於寺務工作的人。」❷❹

　　道場的衰落到了覺淨法師晚年就完全凸顯出來，覺淨法師於民國五十二年圓寂，五十七年才由志定法師 (1910～?)接掌凌雲禪寺第四任住持，這其中住持竟懸缺四、五年。民國六十七年由覺淨法師之徒孫玄定法師 (1931～) 接任第五代住持❷❺。玄定尼師在十年中對於凌雲禪寺的擴建出力甚多，計有六十八年大陀羅尼寶殿奠基；六十八年塑裝據說是世界室內最大千手千眼觀世音菩薩；七十二年完成開光，並舉行凌雲禪寺開山百年紀念；七十五年重建凌雲禪寺寶塔，玄定尼師為積弱的凌雲禪寺充實了可觀的硬體設備。

(二) 觀音山派重要法師小傳

【本圓】僧　1883～1947

　　本圓和尚，法名印體，俗姓沈，基隆市人，一八八三年生，一八九七年於基隆市禮由福建來臺駐錫在清寧宮的釋元精座下出家，一九〇〇年於福建鼓山湧泉寺振光法師座下受戒。戒後遊歷大陸名山古剎，一九〇九年始返臺，並接續寶海和尚於五股創建凌雲禪寺。一九二三年凌雲

---

❷❹　《仁恩夢存》，釋悟明著，樹林鎮海明禪寺版，民國七十三年八月二版，頁 214。

❷❺　《臺灣佛教寺院庵堂總錄》，佛光出版社，民國六十六年四月十五日初版，頁 223 之〈凌雲禪寺〉。

禪寺首傳大戒，一九二五年代表臺灣佛教訪問日本佛教聯合會，一九三四年遍訪馬來西亞、緬甸、印度等佛教聖蹟，一九四七年國曆七月二十五日圓寂，享年六十五歲。法師圓寂前一年還當選為臺灣省佛教會理事長。

【如淨】僧　1890～1963

　　如淨法師，俗姓陳，名華玉，原籍廣東，祖遷臺灣新北板橋，後又移居新竹縣北埔西村。師出生於板橋，幼年家貧。初從塾師一年，自九歲起又受日據國民義務教育三年，一九一二年，師年二十三歲，以感於娑婆世界之煩惱，乃毅然入觀音山凌雲寺皈依三寶，披剃出家。於一九一五年渡海參福建鼓山受具足戒。不久便又返臺。先後任凌雲寺及淨蓮禪院、獅頭山水簾洞住持數年。駐錫淨蓮禪寺時並閉關三年，於道頗有所悟，至一九四六年八月，應元光寺大眾之請，才飛錫獅頭山住持該寺。

　　法禪淨兼修，先後閉過兩次關，勇猛精進，戒德過人。除率眾念佛耕作外，並且還能注重教育。

　　師有巧思，富於藝術天才，他曾於水簾洞壁間親手塑造三十三大境。山水人物，亭臺殿閣，莫不精妙。

　　一九四九年五月邀請慈航、大醒、律航來山講經，慈航法師並在山上結夏安居，駐錫開善寺講唯識。一九五三年重修獅山金剛寺，將元光寺住持交付徒孫會性法師，自己卓錫水簾洞。一九六三年十月十六日圓寂於金剛寺，世壽七十四，僧臘五十二，戒臘四十九，法體同月二十七日於勸化堂茶毗。

【義妙】尼　1883～1963

義妙尼師，一八八三年生，俗名石知母，桃園縣人氏，一九二七年四月禮覺淨法師出家，同年臨濟宗派沙彌科修業，一九三四年隨日僧高林玄寶學習法器梵唄及禪學。一九二七年時於龜山迴龍寺協助建寺，一九三九年二月任日本臨濟宗妙心寺派知職，同年十月為大本山藏主及後補首座職，翌年迴龍寺秀妙尼師圓寂後升任該寺住持。一九六三年圓寂，世壽八十。

【藤淨】尼　1886～1943

藤（珍）淨尼師，一八八六年生，俗名陳廖素蓮，十六歲茹素研究佛學，三十六歲出家，四十六歲時發願創建臺北內湖古月庵（今古月禪寺前身），向日本臨濟宗護國禪寺（今臨濟寺）申請托缽許可證獲准，得以在各地化緣募款，一九三〇年依所得淨財著手建寺，翌年二月八日加入日本臨濟宗派。一九四三年藤淨尼師圓寂，世壽五十七。

【瀛妙】僧　1891～1973

瀛妙法師，法號悟心，字瀛妙，俗名林水連，一八九一年生，祖籍福建省金門縣。一九二九年依臺北圓覺寺覺淨法師出家，翌年任圓覺寺住持。一九三八年變賣所有私產，並向日本勸業銀行貸款二千元，在今北投復興路上買下安國寺現址。法師親自擘劃建寺，二年後完成，取名「慈善堂」。一九四五年臺灣光復，法師有感於國家多難，盼爾後能國泰民安，而改名為「安國寺」。

　　一九五六年瀛妙法師於臺北觀音山凌雲寺受具足戒，一
九七三年四月五日圓寂，入龕棺，世壽八十三，僧臘四十四，
戒臘二十二。一九八三年開棺肉身不壞，裝金奉於安國寺中。

【最妙】僧　1897～1970

　　最妙法師，俗名查希興，早年追隨　國父革命，擅長書
畫，為我國著名之鐘鼎文書法家，晚年任五股西雲禪寺住持，
出家後每年皆以化緣與義賣書畫作品所得賑災，一九七〇年
五月十四日圓寂，世壽七十三。

【彩妙】尼　1897～1976

　　彩妙尼師，一八九七年九月十日生，臺北
市人，俗名柯招治，一九〇五年入臺北老松國
小就讀，一九一一年漢文修畢，一九一八年任
職於專賣局煙草工廠，一九二一年皈依觀音山
凌雲寺覺淨法師研究佛學，一九二六年設立士
林佈教所（今昭明寺前身），輔助佈教所主任本圓法師佈教，
一九三一年辭去煙草工廠職務，一九三二年隨日僧高林玄寶
習禪，一九三八年被日本臨濟宗任命為後補臺灣開教使，並
任士林佈教所主任，一九三九年於臺北臨濟寺佛教講習會畢
業，一九四〇年改佈教所為昭明禪寺，並任住持。

【源淨】僧　1898～1958

　　源淨法師，一八九八年生，早年出家於臺北觀音山凌雲
寺，一九一三年頭城吉祥寺萬賢和尚圓寂時接任該寺住持，
臺灣光復後曾任中佛會宜蘭縣支會監事。一九五八年圓寂，
弟子意妙繼任住持。

【覺淨】僧　1892～1963

覺淨老和尚，俗名盧阿金，桃園中壢人，生於一八九二年四月初四日，八歲起修業漢學五年，十三歲出家，依本圓老和尚得度，一九〇九年行腳大陸，掛錫福建鼓山湧泉寺參禪，兩年後就任湧泉寺副寺，一九一四年任臺北五股鄉觀音山凌雲禪寺及開元寺監院，一九一七年創建西雲寺為開山住持，翌年任鎮南學林委員，一九一九年起遍遊華南、日本、朝鮮、東北考察各地佛教，一九二六年受任臨濟宗妙心寺派臺灣開教使，一九二八年至一九二九年間考察華中佛教，一九三四年就任佛教專修道場學務委員，一九四三年補妙心寺六等教師，一九四七年其師本圓老和尚圓寂後，繼任住持凌雲禪寺，並歷任各級佛教會理監事；一九五六年因高血壓，乃轉錫士林昭明寺療養，由其徒子徒孫專心看護。客歲冬以世緣已滿，示寂於一九六三年農曆十二月二十四日，世壽七十有二，僧臘六十。寂後停龕昭明寺三日，即移龕觀音山凌雲寺；其間費時四月，斥資七萬，營建覺苑，專為供養師之遺體，一九六四年農曆五月十九日舉行奉安大典。

【玄妙】僧　1899〜1967

玄妙法師，字悟真，俗姓黃，臺北內湖人氏，十歲入私塾，十三歲入內湖國民學校，十九歲茹素，二十三歲十二月八日於碧山岩禮達淨法師出家，住碧山岩，一年後移錫觀音山凌雲禪寺，任客堂一期，後繼任副寺。一九二三年凌雲禪寺開壇傳戒，師乃受具足戒。翌年達淨法師建圓覺禪寺，召師返，居二年後赴福建鼓山湧泉寺三年，又朝禮各大名山。一九三二年任廈門南普陀寺客堂，同年升監院，任期三載。

一九三七年七七事變，師避香港數月後轉赴南洋，駐錫馬來半島八年。一九四五年臺灣光復，師返臺，一九四七年任圓覺寺住持，同年八月兼任觀音山凌雲禪寺副寺。一九四九年八月掩關三年，一九五二年八月出關，一九五八年春辭住持，一九六二年於陽明山創建永明寺，一九六七年農曆三月二十五日示寂於永明寺，世壽六十九，僧臘五十，戒臘四十五。

【觀妙】僧　1902～1968

觀妙老和尚，俗姓陳，名朝榮，一九○二年五月生於桃園大湖鄉，原籍新北鶯歌。年十三，持齋禮佛，宿具善根。二十五歲時機緣成熟，禮臺北觀音山覺淨和尚座下披度出家。一九三五年，觀妙法師三十四歲，移錫臺北內湖「圓覺寺」側獅子洞閉關修持，精勤苦行坐關達二十三年之久。

一九五八年，法師出關，年五十七歲，隨即受聘為「圓覺寺」住持。一九五九年在萬華創立「妙覺精舍」，一九六○年受萬華信眾迎請為「龍山寺」住持，同年創建土城「妙覺禪寺」。一九六八年八月三十一日法師功滿圓寂，世壽六十七歲，僧臘四十三。

【達妙】僧　1903～?

達妙法師，俗名葉樹木，一九○三年生，早年於臺北觀音山凌雲寺出家，一九三五年被聘至覺善佛堂任住持。覺善佛堂建於一九三五年，原位於臺北市哈密街，今已不存。

【空雲】僧　1907～?

空雲法師，新竹縣人氏，早年出家於臺北觀音山凌雲寺，

住寺凡十八年，一九四八年十二月由臺北觀音山前往臺東長濱任靈岩寺住持。靈岩寺為一天然石洞，一九二七年瑞穗徐阿禮居士來此草創佛寺修行。

【今淨】僧　1917～1974

今淨法師，一九五七年於桃園大園鄉開山創建淨蓮寺，共花費十六年完成，曾任桃園縣佛教支會理事長，一九七四年農曆正月二十六日積勞成疾圓寂，世壽五十八。

【復妙】僧　?～1957

復妙法師，早年出家於臺北觀音山凌雲寺，一九一五年接掌虎尾龍善寺（原名龍善堂）住持，光復後曾任雲林縣佛教支會及省分會理事等職務，一九五七年圓寂。

【常定】僧　1890～1969

常定法師，俗名李阿芳，十七歲時於臺北觀音山凌雲禪寺出家，二十歲時受戒於鼓山湧泉寺，掛錫年餘，後巡禮南海、寧波、杭州、西湖等各大名山。歸臺後托缽於大溪烏塗窟香雲庵，經十數星霜，頗得信望。後得信徒吳新蘭、盧明光等十餘人協助，於桃園平鎮創建寄雲山湧光堂（今湧光寺），一九二八年九月落成，日據時代編入曹洞宗派下。

【皇定】尼　1909～?

皇定尼師，俗名辛鳳，桃園縣人氏，一九〇九年生，一九三四年來桃園龜山迴龍寺禮義妙尼師(1883～1963)出家，一九五六年於觀音山凌雲寺受具足戒，一九六三年義妙尼師圓寂後與能定尼師一同出任迴龍寺住持。

【祥雲】 僧　1917～1999

祥雲法師，俗名李孟泉，一九一七年生於遼寧省海城縣。年二十發願茹素奉佛，顯出家之志，後就讀於長春般若講習所，研習內典，早年曾任記者、教師，內戰期間投身軍旅，爾後隨軍遷臺。一九六一年卸下軍裝，依止臺北市內湖圓覺寺玄妙和尚出家，法名會源，法號圓定，然法師多以別號祥雲行世。同年於基隆海會寺道源法師座下受具足戒。

歷任中國佛教會副祕書長、常務監事、臺北市佛教會常務理事，並於海明佛學院、淨覺佛學院等處擔任教職，一九九九年七月八日圓寂，世壽八十三，戒臘三十八秋，身後遺有《懺願室文集》、《慧絮集》、《懺願室佛學問答》等十餘種書行世。

（三）觀音山派下的寺院

一、吉祥寺／宜蘭縣頭城鎮福德路 28 號

二、凌雲禪寺／新北市五股區凌雲路三段 116 號

三、妙覺禪寺／新北市土城區大暖坑 14 號

四、昭明寺／臺北市士林區中山北路五段 56 號

五、圓覺寺／臺北市內湖區碧山路 39 號

六、迴龍寺／桃園縣龜山鄉萬壽路一段 38 號

七、湧光寺／桃園縣平鎮鄉湧光路 135 號

八、彌陀寺／雲林縣北港鎮中秋路 94 號

九、龍善寺／雲林縣虎尾鎮新興路 94 號

三、大湖法雲寺派

(一) 前 言

作為臺灣佛教四大法脈之一的大湖法雲寺與開創者覺力禪師 (1881～1933)，在日據時代具有全臺的影響力，與官方關係保持良好的互動，其中由於地緣的關係，在臺灣中部地區有著極優勢的拓展地位。而來自鼓山湧泉寺的覺力禪師的出身如何？建立法雲寺的機緣又是如何？他活躍於日據時代有那些積極作為？都是本文要嘗試探討的。

(二) 覺力禪師的出身與來臺因緣

覺力禪師是福建省廈門鼓浪嶼人❶，根據覺力禪師的〈自述〉寫道：

> 吾姓林，福建省廈門鼓浪嶼人，父林月，母黃玉，吾生為長子。自幼時感人生之病苦無常。年十九，遊履鼓山湧泉禪寺時，投禮方丈和尚萬善老人為師，取名

❶ 《臺灣佛教》月刊第二十七卷第一期，頁 14 李添春之〈臺灣佛教史資料‧上篇曹洞宗史‧大湖法雲寺高僧傳〉。

復願，別字圓通，號覺力。❷

覺力禪師在日據昭和三年 (1928) 歸化日籍，戶籍簿上登記的名字為林復願❸，但在弘法時則以林覺力為名，「復願」與「覺力」都是他出家後的法號。

覺力禪師的剃度師為萬善老人，為曹洞宗派「耀古復騰今」之「復」字輩❹，但事實上萬善老人為「南山」系統，非鼓山系統❺，但其收的弟子妙果法師 (1884～1963) 仍循曹洞宗的「騰」字輩，法號騰悟。

覺力禪師出家後於「民前十一年親近監院本忠老人為師，研究戒律六年。年二十五，隨本忠戒師至南洋群島」❻。覺力禪師專心研究戒律，這和他後來在臺大開法筵為弟子舉行七次在家出家戒有絕大的關係。覺力禪師二十五歲即清光緒三十一年 (1905)，並由於其認真學律的關係被聘為湧泉寺舍利院的監院，而舍利院的「方丈」即是其剃度恩師萬善老人。以下就是有關記載：

師（覺力）捨家後，而詣鼓山湧泉寺的舍利院，剃染

---

❷ 《覺力禪師年譜》，禪慧法師撰，一九八一年十月覺苑發行，大湖法雲禪寺倡印，頁 119 之〈自述〉。

❸ 同註❶。

❹ 同註❷，頁 127。

❺ 〈覺力禪師與法雲寺派〉，江燦騰，一九九六年六月二日於臺大思亮館宣讀，頁 3～4。

❻ 同註❷。

髮禮於萬善老師座下，迄歲轉春初，求學禪堂，日就月終，兩期之後，抱專修之心傾，返舍利院，不求聞達，至光緒三十一年，師行年二十有五，該寺常住，知師戒行純潔，若淨蓮之不染塵，禪學玄妙，理論圓通，若金質無處能沒其剛，是以虛監院之席，聘師握運籌之策，而師亦懷宏法利生之根深，即應其所請，任其職，繼而寒暑一更，孟春之月，師帶法務，渡南洋諸島，施法、募捐，經未一載，福緣不下數萬金，為該寺（湧泉寺）略增潤色……。❼

根據上述，覺力禪師是在光緒三十一年 (1905)「繼而寒暑一更」，即光緒三十二年 (1906) 孟春下南洋，「經未一載」即返湧泉寺，後一直駐錫到光緒三十四年 (1908) 冬十月，離寺來臺。覺力禪師離開湧泉寺監院的職位來臺另覓法緣，事實上是和時局大有關係，接受弟子妙果法師的邀請只是機緣成熟而已。

「……及光緒三十四年，逢革命亂清之潮，宗教因之而影響，師（覺力）鑑及此，對該寺辭其任，是歲冬十月始渡臺，即明治四十二年，巡錫於本島，因機緣之未契，寄足於基隆月眉山靈泉禪寺，約四五個月之間，復歸閩地，方秋初耳。越年季春又受神戶福建會館之聘，說法六個月之間……。」❽

---

❼ 《南瀛佛教》第十二卷第一號（一九三四年一月），張長川之〈覺力和尚傳〉，頁48。

❽ 同前註。

　　由上述的史料我們可以發現，覺力禪師最遲在清光緒三十四年 (1908) 就因為時局的動盪而辭卸湧泉寺監院一職，而準備另謀發展。清光緒三十四年 (1908) 距離民國肇造僅三年，而且就在清光緒三十三年 (1907) 革命黨就已在廣東、廣西、雲南等臨近福建的地區試行過六次武裝起義❾，覺力禪師可能察覺這股不安的氣氛，而前來臺灣這塊閩粵移民為主的地方，一則避禍，二則傳教。

　　根據覺力禪師的〈自述〉：

> 民前三年漫遊日本與國內，視察大小乘佛教狀況，初渡臺灣。時駐錫臺北州下凌雲禪寺，後歸福建省鼓山湧泉禪寺，奉師命任首座，次年再任監院。❿

　　由此段覺力禪師的〈自述〉與前述相互對照，可以發現，除了在基隆月眉山駐錫過之外，五股的觀音山凌雲禪寺也駐錫過，但〈自述〉卻沒有提到月眉山這一段，然在民國七十年四月二十八日，基隆月眉山靈泉禪寺住持晴虛法師在寫給禪慧尼師的信中提到：

　　「……據所知，覺（力）老亦出家於鼓山，嘗任職於湧泉者也。跨海渡臺因緣，則與靈泉寺之長輩有關，來臺之初，亦駐錫在靈泉。後以中壢之人事因緣，而行化並開建於大湖法雲……。」⓫

---

❾　《中國近代史》，小島晉治、丸山松幸合著，葉寄民譯，帕米爾書店，一九九二年一版，頁81。

❿　同註❷。

大抵上我們可以看得出來，覺力禪師是在清光緒三十四年 (1908) 十月至隔年 (1909) 秋季來臺駐錫過月眉山及觀音山。當時基隆月眉山靈泉寺的住持善慧法師 (1881～1945)，他是在明治三十五年 (1902) 在福建鼓山湧泉寺拜景峰法師為師❶，而五股觀音山的住持是寶海法師，是在明治四十二年 (1909) 開始建設凌雲禪寺，這一年正是覺力禪師來臺期間，而寶海法師也是在鼓山湧泉寺受的戒❸。由於月眉山與觀音山均和覺力禪師駐錫的鼓山湧泉寺有關，所以來臺之後駐錫兩地是法緣上的關係使然。

根據前述，在一九〇八～一九〇九年之間來臺巡錫的覺力禪師，所駐錫的月眉山及觀音山正巧都在大興土木，全力發展寺院硬體的建設，覺力禪師駐錫其間感到「因緣不契」是可以理解的。不過，在覺力禪師巡錫臺島期間，可能因目睹凌雲禪寺及靈泉禪寺在信徒的捐輸下，從無到有的建寺過程，而決心尋找來臺灣發展的機緣，這個機緣就是日後帶領覺力禪師來臺的大弟子妙果法師 (1884～1963)。

(三) 大湖法雲寺的開創

妙果法師，桃園平鎮人氏，俗名葉阿銘❹，未皈依覺力

❶ 《二十世紀臺灣佛教的轉型與發展》，江燦騰著之〈日據前期臺灣北部新佛教道場的崛起〉，頁 8。
❷ 同註❶，〈本圓法師與觀音山凌雲禪寺的崛起〉，頁 33～34。
❸ 同註❷，頁 157。
❹ 同註❷，頁 130～131。

禪師時他已是齋教龍華派的太空❶（按：齋教分九品，空空
為最高，其下為太空），妙果法師捨齋教而就佛教是在清宣統
三年 (1911)。

> 是年（清宣統三年），妙果法師於鼓山，時覺公任監院
> （或云知客），向之參叩，三天三夜，除五堂功課外，
> 不眠不休，大得法益。後乃禮覺公為師。時妙果仍為
> 龍華太空，尚未出家。未幾，妙果因事返臺，與劉緝
> 光邂逅於臺北觀音山，決定興建法雲寺。❶

　　劉緝光是苗栗人，為何會與妙果法師認識於臺北五股的
觀音山？以下的線索或可解釋。在東山學苑達理法師撰的〈妙
果和尚傳〉中曾提及：「民前六年丙午，任凌雲寺副寺」❶。
如果妙果法師曾任凌雲禪寺副寺，那麼劉緝光來凌雲禪寺可
能是要尋找到苗栗大湖建寺的負責人，而當時 (1911) 妙果尚
未出家，覺力禪師就成為合適的人選。另外在同年凌雲寺的
寶海和尚又已聘請在大陸叢林度過十一年的本圓和尚
(1883～1945) 回臺住持凌雲寺❶，是故劉緝光若是要尋找本
圓的協助也怕是不可能了。在覺力禪師這一方面，一九一一
年正是中國大陸辛亥革命的一年，原先覺力禪師就對動盪不
安的環境有了脫出的想法，一九一二年當法雲寺開工後，妙

---

❶　同註❷，頁 132。

❶　同註❶。

❶　同註❷，頁 157。

❶　同註❶，頁 37。

果重返鼓山出家受戒，並親迎覺力禪師來臺開山，可以說一切機緣都正好配合。

苗栗大湖在臺灣的漢人移民史上算是比較晚的，根據民國四十三年十一月出版的《觀音山法雲寺大殿落成玉佛開光紀念冊》有關法雲寺的沿革記載：

> 距今九十餘年前，前清政府開闢大湖的時候，由于土地之爭奪，外來的漢民與原住的高山族之間，屢動干戈相殺。降至日本政府領臺時，舊習依然……。 ⓵

據此可推知大湖附近的開墾約在一八六〇年左右，距日本領臺僅三十餘年，開發不可謂不遲。而與劉緝光一同招聘覺力禪師來臺的吳定連家族，其兄吳定新由於開墾有功，曾獲清政府頒賜軍功四品，賞戴花翎❷，吳定新死後由其弟吳定連繼其志繼續開墾大湖。在大正二年(1913)法雲寺建寺之前，吳定連家族成員吳定貴父子、吳定來叔姪四人並在與原住民衝突中喪生❹，吳氏家族付出的代價不可謂不大。

事實上，在吳定新未逝世前就因為與土匪及原住民衝突中，人民死傷不少，而有建造廟宇的構想，但卻拖到一九一三年才建成法雲寺，其中有幾點因素是絕對有關係的，那就是日本治臺的「理蕃政策」。

「一九〇三年，臺灣人之武裝抗日組織全數遭到殲滅之

---

❿ 同註❶，頁 15。

❷ 同註❷，頁 140。

❹ 同註❷，頁 141。

後，就進入日本人在臺灣建設階段，同時理蕃工作也進入討伐期，此時為一九〇九年，是時亦為總督府主力能進入蕃界的初期階段。」❷❷

不過這一期的「理蕃政策」並沒有成功，又想恢復到治臺初期鎮壓的手段。

「一九一〇年，總督府的理蕃工作邁入第三期，首先訂下『理蕃工作五年計畫』，並於當年開始實施。總督府認為其在理蕃工作第一階段中嘗試的鎮壓手段是正確而有效的。」❷❸

當然在「理蕃工作五年計畫」中，特別是一九一二年無論是負傷或是死亡的原住民，都是自一八九六年至一九三四年為止中最高的❷❹。可以看得出來，法雲寺在一九一二年至一九一三年建成是有原因的。

另外法雲寺能夠在原住民出沒的山區建成，沒有日本官方的行政協助也是不可能的。前述日本軍警力量以鎮壓殺戮的方式達成了「蕃界」的安定，行政措施又確保了與日方保持良好互動的墾戶，其中吳定連家族就是。

吳定連的長兄吳定新在清政府時期就與官方相互合作，及光緒丁亥年 (1887) 一月吳定新去世❷❺，吳定連繼續朝大湖方向開墾，在日據時代並「躬膺明經，職充區長」，且「蒙憲下賜紳章，旌表功績」。

---

❷❷ 《日本統治臺灣秘史》，喜安幸夫著，武陵出版社，民國七十八年二月，頁 179。

❷❸ 同註❷❷，頁 181。

❷❹ 同註❷❷，頁 182。

❷❺ 同註❷，頁 142。

「大正二年大湖區長吳定達（連之誤）及廳參事劉緝光等發起募廳下有志得釀金壹萬餘圓建立本寺之殿堂……。」❷⑥

從上述可以得知，吳定連時任大湖區長，劉緝光是廳參事，都是與日本官方有良好關係的仕紳階級，因此法雲寺的建成，這點關係也不能忽略。

（四）覺力禪師的傳戒及教化

大正三年 (1914) 十一月法雲寺的大雄寶殿落成❷⑦，工程進行的異常順利，在大正五年 (1916) 鋪建好登寺的阿鞞跋致路的同一年，法雲寺即和日本曹洞宗在臺的本部建立「聯絡」的關係❷⑧。有了這層關係，並在「曹洞宗大本山臺灣別院」大石堅童的支持下，與同為曹洞宗的月眉山善慧法師、觀音禪院的心源法師 (1881～1970) 成立了「私立臺灣佛教中學林」❷⑨。

與日本曹洞宗當局建立良好關係之後，大正七年 (1918) 覺力禪師開始在法雲寺根本道場開始了他第一次的傳戒❸⓪。之後每年傳一次戒至大正十年 (1921)，一連四年。

大正十一年 (1922) 禪堂落成，啟建水陸大法會時，並敦

❷⑥　《臺灣全臺寺院齋堂名蹟寶鑑》，發行人徐壽，昭和七年 (1932) 十一月發行，頁 23 之〈法雲禪寺〉。
❷⑦　同註❷，頁 136。
❷⑧　同註❺，頁 14～15。
❷⑨　同註❷，頁 138。
❸⓪　同註❷，頁 143。

請福建南普陀佛學院的會泉法師 (1874～1943) 前來主持 ❸❶。這一年覺力禪師被日本曹洞宗在臺本部任命為佈教師，七月應辜顯榮、吳昌才等諸氏之懇請，為艋舺龍山寺住持 ❸❷。

艋舺龍山寺是甲午割臺，日本曹洞宗在臺灣首先進駐的佈教所，其開教師是由中國東北轉來的佐佐木珍龍 ❸❸，是故覺力禪師能主持龍山寺是有其象徵的意義。與日本曹洞宗派保持良好的關係，乃是覺力禪師推動其宗脈法務的重要基石，例如法雲寺就因此獲贈八十餘甲山林腹地，但因範圍太廣，管理不及，玉女山一帶又歸還一部分 ❸❹。

大正十一年 (1922) 至十四年 (1925) 間覺力禪師由於法務的繁忙便中斷了連續四年的傳戒活動，積極培養弘法人才，特別是在大正十四年 (1925) 這一年。其〈自述〉說：

「年四十五，因念及尼眾諸猶未學，始於新竹州香山（一善）寺辦特別講習會六個月。」❸❺

覺力禪師能夠以私人的名義辦理宗派的特別講習會，正如前述是與日本曹洞宗保持良好關係所致。因為大正十年 (1921)，日本政府當局在艋舺龍山寺召開組織全臺佛教徒、齋教徒的「南瀛佛教會」，這一年也是覺力禪師主持龍山寺的同一年。翌年四月四日正式成立，並發行《南瀛佛教》月刊，

---

❸❶　同註❷，頁 144。

❸❷　同註❷，頁 145～146。

❸❸　《臺灣省通志》，民國六十年六月三十日版，頁 68 之卷二〈人民志禮俗篇宗教篇上〉第三章〈佛教〉。

❸❹　同註❷，頁 146、197。

❸❺　同註❷，頁 148。

且以「南瀛佛教會」的名義，每年舉辦短期佛教講習會兩次，直到臺灣光復❸。在半官方的「南瀛佛教會」的講習會之外，另外開辦私人宗派的講習會，沒有特別又良好的關係是不可能辦到的。

這一年覺力禪師及本圓法師被選為臺灣佛教代表，出席在日本東京舉辦的東亞佛教大會❸，覺力是曹洞宗代表，本圓是臨濟宗代表。

昭和元年 (1926) 覺力禪師延續了自大正十年 (1921) 已中斷了四年的第五次傳戒。除了接續法雲寺未竟的硬體工程之外，並開始協助弟子開創道場，在其〈自述〉中就提及：

「年四十六，於海山郡下幫徒妙清尼師創立圓通禪寺。翌年於臺中州后里再為徒妙本姊妹等建毘盧寺。年四十八，回本山法雲禪寺，再次傳大戒，戒子多至五百餘人，極一時之盛矣。越年，設立北投法藏寺。」❸

昭和二年 (1927)，覺力禪師第六次傳戒，並協助妙塵等弟子創建毘盧寺，昭和三年 (1928) 第七次傳戒，翌年助弟子妙吉設立北投法藏寺。

基本上，覺力禪師僅在〈自述〉中提到以上三座道場，但是在張長川之〈覺力和尚傳〉中說：

齋堂寺院，計十六處，信者不下萬七千人。❸

---

❸　同註❷，頁 149。

❸　同註❸。

❸　同註❷，頁 119 之〈自述〉。

❸　同註❼，頁 49。

而李添春之〈大湖法雲寺高僧傳〉就說：

> 男眾弟子中則有臺北市法藏寺妙吉和尚開山，臺北市
> 新鼓山湧泉寺開山妙廣，女弟子中則有臺北縣圓通寺
> 妙清尼師開山，臺中縣后里（毘）盧寺妙塵尼師開山，
> 據林真源所記錄，其所屬寺院，有如下二十餘寺
> ⋯⋯。**❹**

這些含齋堂的寺院共計有三十座。但張長川寫〈覺力和
尚傳〉是在昭和八年(1933)覺力禪師往生後不久，而李添春
的〈大湖法雲寺高僧傳〉則刊載於一九七三年，兩者時間相
距四十年，覺力禪師的派下在其死後又陸續繁衍發展乃正常
之事。

不過覺力禪師生前既然提到圓通禪寺、毘盧寺與法藏寺，
即表示對這三座道場的重視，而這三座道場日後卻也表現不
俗。例如《臺北縣中和縣志》就說：

> 圓通禪寺，位於本鄉牛埔村中坑山腹，東北距中和街
> 市約二公里。民國十六年二月二十三日，有新竹尼僧
> 妙清者，卜地開創，民國十八年再建大殿，廟貌巍峨，
> 蔚為大觀。光復之後，復踵事增華，遂為臺北寺院之
> 冠。**❹**

---

❹ 同註**❶**，頁 16。
❹ 《達進法師八十自述》，慈雲圖書館出版，民國七十七年四月
初版，頁 13～14。

圓通寺當年也是「臺灣八景」之一。

圓通寺的住持妙清 (1901～1955)，二十二歲時在新竹香山（一善）齋堂出家苦修，禮覺力禪師為師，二十五歲到臺北創建圓通寺 ❷，至少在昭和十一年 (1936) 以前，圓通寺已經有女眾四、五十人，這樣的規模已不下於法雲寺本山了。

毘盧寺始建於昭和三年 (1928) 六月十六日，其創立沿革說：

> 毘盧寺為臺灣八大叢林之一，其建設宗旨，亦可稱為純粹佛教道場。溯其圖始者呂林氏覺滿老人也。老人早賦柏舟，堅操松節，教育子女，皈佛茹素，對於佛化事業，社會慈善，熱心贊助。晚歲，慨臺灣佛教之興學，僅僧伽居士之所有，而女子志欲修心深悟，以助揚聖教者，全島無一適當之處，遂發宏願，布施鉅產，建大伽藍，為女子修學之院。❸

林氏覺滿老夫人原為豐原望族呂厚菴先生之妻，民國前五年 (1907) 呂厚菴以三十八歲之壯年病逝，林氏感悟世事無常，遂帶四女及兩姪女皈依覺力禪師，林氏法名覺滿，六女則為妙字輩，但才決定建寺，林氏即因腦溢血過世❹，六姊妹同心協力完成毘盧寺的創建，而覺力禪師就是寺成的第一

❷ 同註❶，頁 12～13。

❸ 同註❷，頁 46。

❹ 《臺灣佛寺導遊》㈤，菩提長青出版社發行，八十五年六月二刷，頁 127。

任住持❹，時間是昭和五年 (1930) 秋。

法藏寺是創建於昭和三年 (1928) 八月九日，又名「新北投曹洞佈教所」❻。由覺力禪師之弟子羅妙吉、陳妙願等共同創建，昭和五年 (1930) 農曆十二月佛像安座，而這一年的五月羅妙吉卻圓寂了，寺成之後由覺力任住持，昭和八年 (1933) 覺力圓寂，弟子妙果繼任，昭和十五年 (1940) 妙果辭任，由妙振繼任第四任住持。後來，妙振法師離開法藏寺，於臺北市廈門街另建通法寺❼。

當然，覺力禪師生前直接參與建寺，大概就是以上三座，其他或有建於覺力生前，但都是其弟子自行開山的，如妙果的中壢圓光寺、獅頭山的海會庵、士林新鼓山湧泉寺等等。

昭和元年 (1926) 第五次傳戒之後，昭和二年 (1927)、三年 (1928) 分別又傳了第六、七次戒會，並在昭和三年 (1928) 與自前一年從大陸佛學院學成回臺的真常法師創辦「法雲佛學社」，招收青年學僧六十餘人，開臺省僧教育之先河❽。

昭和三年 (1928) 的第七次傳戒是覺力禪師最後一次，法雲寺山下的「彼岸橋」也在同年冬天完成，法雲寺的硬體初步已臻完成，昭和八年 (1933) 以五十三歲之齡圓寂於后里毘盧禪寺。

---

❹　同註❸。

❻　《臺灣佛教名蹟寶鑑》，施德昌，昭和十六年 (1941) 二月二十一日發行，頁 18 之〈法藏寺〉。

❼　《臺灣佛教名剎》第一集，朱其昌著，民國六十年出版，頁28。

❽　同註❷，頁 151～152。

(五) 結 論

在日據時代具影響力的佛教法脈中，覺力禪師是唯一從福建來臺的僧侶。清末民初的國勢動盪，給予了覺力禪師尋求海外發展的準備，而大弟子妙果就是促成其來臺的重要因素。

來臺的覺力在北部已有善慧法師的靈泉寺及本圓法師的凌雲寺，而這兩個寺院在覺力初來臺之際就曾駐錫過，南部的開元寺及高雄阿蓮的超峰寺也有了新的格局，覺力禪師在中部的發展也似乎已成定局，加上妙果法師與苗栗的吳定連、劉緝光的因緣，駐錫當地開山水到渠成。

吳氏兄弟自清季以來即與原住民、盜匪衝突而彼此互有傷亡的情況，即有建義民廟及觀音寺以安亡靈的計畫，寺院最後得以建成和一九一〇年開始的總督府第三階段的「理蕃工作五年計畫」有著相當大的關係。從一九一〇到一九一五年間，「討蕃」行動計耗去軍費一六〇〇餘萬圓，出動軍警共一萬七千餘人，傷亡兩千七百餘人 ❹。日軍為何會在原住民的棲息地大費周章？原來臺灣原住各民族所居臺灣山地，富有森林、礦物、水力、樟腦等資源，早為日本帝國主義資本家所垂涎 ❺。這也就是為什麼覺力禪師在事後從日本在臺的「曹洞宗大本山臺灣別院」者手中獲贈山林八十餘甲的原因。

---

❹ 陳映真之《五十年枷鎖》，〈日本人在臺灣的三光政策〉，《聯合報》副刊，民國八十五年十月二十六日。

❺ 同前註。

　　覺力禪師以中國佛教叢林重視戒律的固有精神，在臺傳了七次戒法，並以培養教育女弟子而特別有成就，導致他受人嫉妒、毀謗，幾乎葬送其弘法前程❺❶。覺力禪師用戒律與教育開創出法雲禪寺這個法脈，至今其影響力仍然延續著。

(六) 法雲寺派重要法師小傳

【覺力】僧　1881～1933

　　覺力法師，福建省廈門鼓浪嶼人，俗名林金獅。一八九九年禮萬善老人剃度出家，法名復願，外號覺力，別字圓通，法承洞山良价鼓山第四十三世，同年十一月十七日受戒，得戒為鼓山本忠和尚。一九〇九年漫遊日本，初渡臺灣，駐錫臺北五股凌雲禪寺。一九一〇年任鼓山湧泉寺監院。一九一三年苗栗法雲寺正式動工，妙果法師迎覺力法師來臺，共負開山巨業。一九一四年舉行法雲寺大殿落成典禮。一九一七年與善慧、心源等法師合創「臺灣佛教中學林」。一九一八年於法雲寺第一次傳戒，一九二五年代表臺灣出席在日召開之「東亞佛教大會」。一九二八年與徒孫真常開辦「法雲佛學社」，一九三三年寂於臺中毘盧禪寺，世壽五十三歲。

【妙吉】僧　?～1930

　　妙吉法師，早年禮大湖法雲寺覺力和尚為師，俗名羅瑞祥，日據昭和三年 (1928) 與陳妙願等信徒於北投創建新北投

────────
❺❶　同註❷，如學尼師之〈覺力禪師年譜出版緣起〉，頁 1。

曹洞佈教所（今法藏寺前身），一九三〇年五月二十日妙吉法
師圓寂。

【妙果】僧　1884～1963

妙果老和尚，俗姓葉，臺灣桃園人，十九
歲依覺力禪師披剃出家，二十九歲受具足戒，
後親近福建鼓山良達禪師多年，蒙其導化，旋
即徹悟，乃返臺弘化四方，不特譽滿全臺，且
蜚聲東瀛，傳曾獲得日本永平寺及總持寺贈授
金襴袈裟，更受日皇迎入內廷供養，餽致袈裟、如意、缽具、
拂塵、摺扇等五件珍品，現仍保藏於圓光寺內。老和尚一生，
除創建法雲、圓光兩大禪寺外，並曾一再主辦僧伽教育，對
佛教之貢獻至偉。

一九六三年，老和尚壽登八十而示寂，荼毗後得五色舍
利七百餘粒，善信四眾，前來瞻仰者如雲，先一年老和尚曾
以「來歲將歸」語門人，惜未注意，及後聽其所錄遺音，始
知預示寂期，一九六一年有愛爾蘭佛教信徒，甘露魏無為者
來臺參學，得其導化，頗有心悟，老和尚示寂後，曾悼以〈臺
灣一佛教聖者之善逝〉一文，刊於英國《中道佛學》季刊，
一九六四年二月號 (*The Middle Way*, Vol. XXXVIII, No. 4,
February 1964)，深受中外人士之讚頌，生前遺有語錄載於
《覺世》旬刊，並有經義講註傳焉。

【妙修】尼　1875～1952

妙修尼師，俗姓姜，桃園人氏，一八七五年生，一九二
〇年禮苗栗大湖法雲寺開山覺力法師於南湖石雲庵出家，並
任石雲庵監院，後又任桂竹林弘法院監院。一九三五年弘法

院因地震全毀，妙修尼師攜徒達明尼師至彰化社頭現址創建善德禪院。妙修尼師曾赴福建鼓山湧泉寺受具足戒，實為戒行圓滿之尼師，一九五二年七月圓寂，世壽七十七，戒臘四十二。

【妙瑞】尼　1887～1967

妙瑞尼師，晚年出家，俗家時育有數子，其女有出家者法名真果，有子李世傑居士，著作佛教論著等身，妙瑞尼師一九六七年寂於住持，世壽八十一。

【妙圓】尼　?～1970

妙圓尼師，一九〇九年於宜蘭頭城現址創建靈山寺，一九六六年因年邁乃招弟子達德回寺主持。一九六七年二月重建靈山寺，翌年四月竣工。一九七〇年二月二十九日圓寂。

【妙義】尼　?～1973

妙義尼師，一九三六年率弟子達果、達善於新竹東山里虎頭山創建萬佛禪寺，一九五六年完成大殿，一九五八年佛像安座開光，一九七三年圓寂。

【妙廣】僧　1902～1998

妙廣法師，原籍廣東潮州人氏，一九〇二年農曆十一月四日生於臺中新社，俗名羅水鄉。二十八歲時於豐原善意佛堂皈依佛教，其學歷為日據公學校畢業，私塾漢學三年，圓光佛學院畢業、學佛講習會修業。三十一歲時放下家庭妻子眷屬，於苗栗大湖法雲寺禮覺力法師出家，外號

妙廣，內號騰空，屬曹洞宗派。一九四一年於日僧東海宜誠座下受戒。臺灣光復後於一九五五年在臺北十普寺再受具足戒，並親近白聖法師。

一九六一年農曆十月十一日承接白聖法師的臨濟宗七塔寺派第四十二世法嗣，法號妙廣定道。法師生前所開創、住持的道場有臺北湧泉寺、東方寺，豐原妙音寺，員林佛導寺，鹽埔中華寺，花壇常覺寺，三義三寶寺，高雄法音寺，但主要駐錫於豐原妙音寺。

一九九七年創立佛聲衛星電視臺講經說法，一九九八年十一月六日圓寂，世壽九十七，僧臘六十六秋，戒臘四十三夏。

【達全】尼　1888～1973

達全尼師，俗姓許，一八八八年生，十七歲起持長齋奉佛，一九七○年春重興臺中大覺院（原創於 1924 年），一九七三年六月十三日圓寂，世壽八十六歲。

【達果】僧　1888～1965

達果老和尚，一八八八年六月二十四日出生於宜蘭縣壯圍鄉七張，二十歲出家於頭城九股山吉祥寺，二十四歲於觀音山受具足戒，二十八歲參學福建鼓山寺等名山，四十四歲前往日本參訪諸名山，並深造臨濟宗旨，四十五歲受聘住持板橋接雲寺，三十有三載，在寺領眾焚修、坐禪念佛，數十年如一日。一九六五年六月十二晨體衰不能起床，亦不言語，延至翌日午後一時三十分無疾善逝，世壽七十八，僧臘五十九，戒臘五十五。由板橋鎮公所會同諸山長老暨接雲寺念佛會徒子代表，組成治喪委員會，由劉順天鎮長任主任委員。

於六月二十五日下午二時起舉行公祭，諸山長老及各界參加公祭者達一千餘名，下午五時依制茶毗後，奉至頭城九股山吉祥寺進塔。治喪會並議定奠儀開支有餘即以上人名義捐獻接雲寺作建修之用云。

【能明】僧　1888～1975

　　能明法師，苗栗公館鄉人氏，俗名謝阿基，年三十禮妙果法師出家，一九三六年中壢圓光寺傳戒，能明法師任副寺。法師一生擔任圓光寺常駐庫頭採買，往來市區二十餘里，任勞任怨三十餘年，人喻為「苦修頭陀」，妙果法師圓寂後被舉為圓光寺第二代住持。一九七二年年邁退居，一九七五年法身微恙，不數日即圓寂，世壽八十七。

【本明】僧　1891～1986

　　本明法師，內號今日，桃園平鎮人氏，俗名葉發珠，一八九一年九月十四日生，父親為龍華派太空葉普霖，早年受父親影響參加齋教活動，往來於桃園大溪齋明寺，法名普昌。公學校畢業後，任職桃園龍潭國小教師。中年入佛門，依止妙果法師出家，曾任圓光寺監院，後受獅頭山元光寺之請，一九五七年任該寺住持，歷二十餘載。

　　七十九歲之年辭退元光寺住持，八十三歲復受中壢信徒堅請接任圓光寺第三代住持，僅一年即退位交任給如悟法師，後移駐平鎮湧光寺休養，一九八六年二月二十六日圓寂，世壽九十六。

【達明】尼　1892～1953

　　達明尼師，臺中市人，俗名謝純，為二二八事件臺灣政

治名人謝雪紅之二姊，早年適陳家，二十八歲時皈依妙果法師為師，一九二八年於獅頭山建寺，名曰「海會庵」，一九三四年視察日本佛教，參曹洞宗大本山永平寺，一九三五年於中壢圓光寺受菩薩戒，一九四〇年前後正式削髮，法號達明。駐錫獅頭山期間，曾辦佛學講習會、講經會等事業，一九五三年圓寂，世壽六十二。

【達善】僧　1897～1966

達善法師，一八九七年八月八日生，俗名賴錫恩，臺中市人，父水龍公，母林氏定，十三歲喪父，二十二歲於臺北觀音山凌雲寺依本圓法師研習佛法，並閉關數載，後至中壢圓光寺禮妙果法師出家。三十五歲時任臺中寶覺寺知客，三十七歲時任臺中大覺講堂當家，三十九歲於臺中創建寶善堂（後稱寶善寺）。一九三六年受戒於日本京都西本願寺，後遊歷日本各山，一九四〇年回臺，翌年創建臺中普濟寺。光復後曾任南海普陀山傳戒會執事，以及第五屆臺中市佛教支會理事長，一九六六年十二月十三日圓寂，世壽七十，戒臘三十一。

【達成】尼　1897～1974

達成尼師，臺灣南投埔里人氏，一八九七年生。二十一歲于歸溪湖胡家。三十歲依中壢妙果法師出家，四十三歲起親近日僧岡部快道，後隨岡部東渡日本，一九四〇年返臺創建彰化溪湖鳳山禪寺，與弟子聖定尼師辛苦自力有成。一九七四年六月達成尼師圓寂，世壽七十八歲。

【達慧】尼　1897～1989

　　達慧尼師，出身苗栗頭屋鄉，一八九七年農曆元月二十六日生，俗姓廖，及長于歸林府，育有獨子一人。一九二九年忽萌出家之志，同年秋投禮獅頭山饒益院妙善尼師剃度，法名今得，號達慧。

　　臺灣光復後，遷徙頭份斗煥坪華嚴寺，時年五十四歲。六十一歲時於頭份購地創建廣修佛院，一九七三年農曆十月於臺中佛教會館受戒，一九八九年農曆三月圓寂，世壽九十二，僧臘六十一，戒臘十七。

【達心】尼　1898～1956

　　達心尼師，俗姓吳，二十一歲於臺北中和圓通寺禮妙清尼師出家，參學於苗栗弘法禪院，一九三五年因中部大地震與玄光尼師一同住持汐止靜修禪院。一九五〇年慈航法師及一批大陸來臺僧青年受達心收容，安置於禪院後方的彌勒內院，負責六、七十人的生活費用，在慈航法師往生後於臺北市建菩提講堂以安置南來北往法師、居士，一九五六年六月二十日因腦溢血病逝於菩提講堂。

【達善】尼　1898～1972?

　　達善尼師，一八九八年生，十六歲時於大湖法雲寺出家，一九五一年接任嘉義大林普陀寺（龍山岩）住持，一九五三年於臺南大仙寺受具足戒。

【妙善】尼　1899～1996

　　妙善尼師，一八九九年生，早年於新竹一同寺皈依覺力法師，剃度時依印順法師落髮，法名慧敬。一九四六年二月創建新竹圓光寺，一九九六年元月往生。

【妙善】尼　1900～1936

　　妙善尼師，俗姓羅，父親羅應鈞，胞兄妙吉法師。公學校畢業，自幼持齋念佛抱出塵之志，後於獅頭山勸化堂禮覺力法師出家。一九二六年春於獅頭山另築精舍「饒益院」，一九三六年七月十一日病逝於新竹太和堂，享年僅三十七歲。

【妙賢】尼　1900～1987

　　妙賢尼師，新竹縣人氏，一九〇〇年生，早年出家於獅頭山。臺灣光復後住持花蓮慈善院（日據時代為西本願寺），一九四八年擴建功德堂，曾任中國佛教會花蓮縣支會理事，一九八七年往生，世壽八十八歲。

【妙清】尼　1901～1956

　　妙清尼師，俗名林塗，新竹縣人氏，一九〇一年生。十四歲依父母命成親，十六歲得一女後離婚，後依覺力法師出家，其母覺慧尼師亦在大湖法雲寺出家修行，居香山學禪三載。

　　一九二六年來臺北中和創建圓通寺，辛勤開山三十載，於一九五六年圓寂，世壽五十六，僧臘三十六載。

【妙振】僧　1901～1992

　　妙振法師，俗名林阿勤，一九〇一年生。十八歲時於臺北龍山寺禮覺力法師出家，字通法，後於臺北觀音山凌雲禪寺受戒。一九四〇年五月日據時代被任命為曹洞宗後補佈教師，並晉任新北投曹洞宗佈教所（即後來之法藏寺）住持，後來，離開法藏寺另創通法寺於臺北市和平西路

一段，後遷建至廈門街現址。

妙振法師法接曹洞宗，一九九二年五月二十三日圓寂於通法寺，世壽九十二，僧臘七十四，戒臘五十一，接法高徒有達能法師 (1926～1997)。

【妙本】尼　1902～1987

妙本尼師，俗名林仙籌，出身豐原神岡鄉望族，一九二五年十月二十二日同伯母及諸姊妹於苗栗法雲寺皈依覺力和尚，法名妙本，後眾人建毘盧禪寺於豐原太平山，一九二八年興工奠基，一九三○年落成。一九七四年農曆九月十日正式剃度出家，並於臺中萬佛寺受戒，一九八七年六月二十日往生，世壽八十六，僧、戒臘十三。

【達通】僧　?～1971?

達通法師，俗姓徐，一九三四年四月出家，住中壢圓光寺受妙果法師指導佛學四、五年，一九三九年一月十五日入基隆月眉山靈泉寺之日式曹洞宗講習會，修業後適逢竹東五指山觀音禪寺第一代住持達聖和尚 (?～1939) 於一九三九年二月圓寂，受聘任為該寺住持。

【達嚴】尼　1902～1983

達嚴尼師，嘉義縣人氏，一九○二年生，早年出家於臺北中和圓通寺妙清尼師 (1901～1955) 座下。一九五二年二月達嚴尼師與弟子真智來到嘉義東石鄉創建圓明院（今圓明寺），在院中舉辦漢語補習班，教導鄉下失學者，頗受一般鄉民愛戴。達嚴尼師一九八三年往生，享年八十二歲。

【達保】尼　1903～?

達保尼師，臺中縣人氏，一九〇三年生，俗名江汾，一九五九年於臺中豐原寺出家，一九六三年於臺北臨濟寺受具足戒，後任豐原妙音寺監院，一九七一年增建妙音寺卓有貢獻。

【玄願】尼　1903～1994

玄願尼師，俗名王員，一九〇三年出生於臺北市，家望富有為當地望族。二十歲時於新竹一同寺依宏宗法師出家。四十歲時與照瓊尼師在桃園平鎮創建平光寺。一九四八年臺灣工商鉅子林煜灶獻地千餘坪於臺北市大同區現址創建平光寺。一九六五年遇「五五水災」，寺宇嚴重損毀，一九六八年重建，二年後完成。

玄願尼師曾於一九五三年禮印順法師為師，一九六三年在臨濟寺受戒。尼師法接曹洞宗，一九九四年三月十八日安詳示寂，世壽九十一，僧臘七十二，戒臘三十二。

【達光】尼　1903～?

達光尼師，苗栗縣人氏，一九〇三年生。早年出家於獅頭山饒益院，一九五〇年被聘至頭份太陽宮住持，改民間信仰為佛教道場。

【玄光】尼　1903～1997

玄光尼師，俗名曾松妹，新竹竹東人氏，生於一九〇三年。十八歲時與母親一同遁入空門，禮大湖法雲寺派下弘法院之弘宗法師披剃出家。

一九三九年在基隆月眉山靈泉寺德馨法師介紹下與達心尼師同來住持汐止靜修禪院。翌年玄光尼師在月眉山依善慧法師受具足戒。一九四九年供養慈航法師開創彌勒內院收留

大陸來臺僧人。一九五二年再創辦「靜修女眾佛學研究班」，
聘道安法師為主任。一九五四年四月慈航法師圓寂後，為紀
念之，在臺北市創建菩提講堂，協助於基隆五堵建慈航中學。
一九六七年重修靜修禪院，一九八一年創立「慈航福利基金
會」，任首屆董事長，一九八二年辦「靜修幼稚園」。一九九
七年七月十三日圓寂，世壽九十五，僧臘七十七載，戒臘五
十七夏。

【玄清】尼　1904～1987

　　竹山鎮德山寺住持釋玄清尼師，俗名彭玉
田，新竹縣人，一九〇四年生，十七歲脫俗出
家於苗栗弘法院。一九三八年前赴日本京都知
恩院深造，求法受戒，成績良好。三十五歲返
臺後在該寺服務，宅心慈悲，頗具善根，受該
寺出家尼師們無限崇敬，後與達超法師住持南投德山寺，一
九八七年十二月圓寂，享年八十三歲。

【達錦】尼　1904～1981

　　達錦尼師，一九〇四年生，苗栗縣人氏，
俗名劉喜妹，十九歲時於南湖石雲庵禮妙修尼
師出家，一九五〇年接掌彰化社頭善德禪院監
院，妙修尼師圓寂後繼任善德禪院第二代住
持，後禮妙果法師為師，一九五五年於臺中寶
覺寺受具足戒，一九八一年圓寂，世壽七十七，僧臘五十八，
戒臘二十七。

【達舉】尼　1905～?

　　達舉尼師，一九〇五年生，早年出家於苗栗大湖法雲寺，

一九三六年達舉尼師前來苗栗頭屋鄉住持前一年因地震而損毀之觀音宮（福善堂），並發起重建。

【達甚】尼　1905～?

　　達甚尼師，一九〇五年生，彰化花壇人氏，俗名蔡錦，二十歲時禮妙修尼師出家，與達錦尼師全力經營善德禪院，一九五五年於臺中寶覺寺受具足戒，一九八一年六月達錦尼師往生後，接任善德禪院第三代住持。

【達珍】尼　1906～1957

　　達珍尼師，俗名彭在妹，一九〇六年五月九日生，苗栗後龍校椅里人。十三歲於新竹香山寺出家，由妙全尼師收為沙彌尼，翌年赴南湖石雲庵研習佛典。一九三六年出任故里觀音宮住持，由關西理明法師授予道場法規，後改觀音宮為「新蓮寺」。一九四六年遇常悟和尚收其為高足，一九五三年受戒於獅頭山元光寺。一九五七年十月十一日圓寂，世壽五十一，僧臘三十九，戒臘五。

【達超】尼　1907～1975

　　達超尼師，生於一九〇七年六月二十六日，為洪氏長女，二十二歲落髮出家，禮圓通寺妙清尼師為師，居圓通寺二年，禮佛誦經，學習禮儀。二十四歲應大湖弘法院聘為當家，負責寺務，越三年，與玄清尼師應竹山地方善信之請，任德山寺住持，由師之學養與任事才華，深獲地方人士嘉許。年三十一，師為深研法義，作弘化之用，乃偕玄

清住持東渡日本,入京都尼眾學校深造,三年結業,是年冬,就京都淨土宗知恩院受具,此為一九四〇年事。

中日抗戰期間,臺灣同胞生活艱苦,德山寺尤甚。師領導寺眾,放牛自耕,躬親其役,備極辛勞,並將寺之前後山地贖回。一九四五年,日本投降,臺灣光復,依法在臺日僧遣回日本。臺北善導寺,原為日本京都淨土宗別院,該寺所屬七十餘處佈教所,住持僧吉水省三,與師同屬京都淨土宗派下,一九四六年冬,吉水返日,善導寺及其所屬佈教所,交師住持接管,師僅接受善導寺與竹山佈教所二處,餘均委之他人管理。一九四九年冬,大陸變亂,李子寬居士來臺,師復將該寺獻與世界佛學院,興辦教育事業。師自臺北返回竹山,專心整理寺務。德山寺為一古廟,寺貌甚小,且已破舊。師視臺省光復,經濟逐漸繁榮,遂與玄清住持發起重建德山寺,積資奔走,於一九六二年興工,耗資一百七十餘萬元,成一美輪美奐梵剎。其後逐年添建,環境清幽,享譽全省。師為接引地方信眾,於一九五四年假竹山佈教所成立念佛會,親任會長,每週領眾念佛,成效至鉅。一九六四年,復於該所創一培真托兒所,傳播佛化。

師來竹山,四十餘年,平日弘化攝眾,熱心公益,聲譽卓著,深得當地歷任首長擁戴。師體素弱,為法過勞,一九七三年,略感不適,服藥無效。年來病況轉重,春初至臺北檢查,知為膀胱癌症;秋間復往臺大醫院開刀割治,然以癌腫業經擴散,無法全部割除。出院返寺,未及兩月,化緣已畢,一九七五年十二月四日,安詳捨報。享年六十九歲,僧臘四十八,戒臘三十六。

【達進】尼　1907～1994

　　達進尼師，雲林土庫人氏，俗名吳血，一
九〇七年三月十九日生。十二歲持齋，一九三
六年依妙清尼師出家，一九五九年於臺北十普
寺受戒。一九五三年起承師命重興中和慈雲
寺。一九八四年冬新建七層大樓，一九八六年
十月完成後成立圖書館名曰「慈雲達進大樓」。一九七七年曾
於寺中創辦「妙清佛學院」一屆。一九九四年三月十九日圓
寂，世壽八十八，僧臘五十八，戒臘三十六。

【妙然】尼　1907～1996

　　妙然尼師，法名騰舟，一九〇七年二月七
日生，俗名周紅。一九二一年禮大湖法雲寺覺
力和尚出家，並就讀於新竹香山一善堂（今一
善寺）之「佛教特別講習會」及「法雲佛學研
究社」。一九三二年被聘為沙鹿鹿苑院住持，
一九四〇年於臺中大甲創建永光寺，一九五二年出任臺中佛
教會館住持，一九五八年創辦「臺中佛學院」，同年創蓮雲禪
院於臺北，一九六〇年繼任大湖法雲寺第三代住持。一九六
五年於法雲寺傳授三壇大戒，一九六八年創辦「法雲佛學
院」，一九七三年復於臺中佛教會館傳授三壇大戒。一九九六
年一月一日圓寂，世壽九十，僧臘七十三，戒臘六十七秋。

【達印】尼　1908～？

　　達印尼師，新竹縣人氏，一九〇八年生，一九六六年至
基隆慈雲寺任住持，之前曾在萬華龍山寺駐錫多年。

【養靜】僧　1908～1994

養靜法師，宜蘭縣人氏，一九〇八年生，早年依達果法師出家，一九六三年接掌宜蘭頭城募善堂住持，生前對社會福利、慈善救濟事業極為熱心，一九九四年圓寂，募善堂目前已更名為善慧寺。

【達慧】尼　1909～？

達慧尼師，新竹縣人氏，一九〇九年生，早年出家於獅頭山饒益院，一九五二年前來頭份接任法巖寺（原名大元宮，一九四六年達要尼師住持改名）住持。

【達能】尼　1909～？

達能尼師，臺中縣人氏，一九〇九年生，早年出家新竹香山一善堂，一九五二年以中愛國獎券第一特獎之獎金購已荒廢的法王寺。

【泰安】僧　1909～1984

泰安老和尚，俗名陳源茂，一九〇九年九月二十七日出生於廣東省五華縣。十九歲皈依中壢圓光寺妙果長老，三十八歲依妙果老和尚剃度出家，一九五三年於臨濟寺受具足戒。同年於臺北市廈門街初建寶纈堂，一九五七年購得臺北縣五股鄉觀音山麓獅子頭土地二千餘坪，開山建寺，禮請旅泰高僧普淨大師蒞臨破土，十數年中，辛勤耕耘建設寶纈禪寺有成。

法師於開山建寺之後，創辦中華普賢佛學院。

一九七〇年出席世界華僧大會，一九七一年遠赴美、日、韓參研佛學，一九七五年當選中國佛教會臺北市分會理事長。

一九八四年四月二十一日示寂，享年七十五，戒臘三十一。

【達裕】僧　1912～？

　　達裕法師，俗名李德滿，一九一二年生，新竹縣人氏，早年皈依中壢圓光寺妙果法師座下，日據時代曾任曹洞宗佈教師。臺灣光復後於一九四八年四月於臺北市西園路創建護國院，一九五三年十一月遷至柳州街（今已不存）。

【達賢】尼　1911～1984

　　達賢尼師，俗名林柳子，臺北市人，一九一一年生，十四歲出家於新竹香山一善堂，日據時代留學日本名古屋曹洞宗高等尼學林畢業。臺灣光復後接掌臺中市慈航禪寺（原名慈航堂）住持，一九八四年往生，享年七十四歲。

【達理】僧　1913～1997

　　達理法師，俗名丁漱亞，廣東潮安人氏，一九一三年八月三日生，臺灣光復後不久來臺，曾在臺糖服務，五十歲時投禮苗栗大湖法雲寺妙果法師出家，法號達理，翌年受具足戒，法承曹洞宗第四十八世。

　　一九六八年於彰化市龍涎路創建東山學苑，一九七〇年秋落成。自一九七〇年春開始，達理法師應邀至本省各佛學院任職、講經，東南亞各國華人道場亦多往弘法。

　　一九九七年國曆十二月十一日酉時往生，世壽八十五，僧臘三十五秋，戒臘三十四夏。

【達空】尼　1915～？

　　達空尼師，臺北市人，一九一五年生，早年出家於中和圓通寺妙清尼師座下，一九五〇年受聘至臺北內湖古月禪寺（原名古月庵）任住持，並致力整頓寺容修築殿宇。

【達明】尼　1921～1988

達明尼師，原籍桃園大溪，俗名廖紅桃，一九二一年元月二十三日生，一九五〇年於桃園市福安寺，一九五七年禮妙果和尚出家，一九五九年於臺北十普寺受具足戒，一九八八年往生，世壽六十八，僧臘三十二，戒臘三十。

【達迦】尼　1921～1999

達迦尼師，苗栗後龍人氏，俗名鄭盡，一九二一年五月十二日生，年三十八依妙廣法師出家，法名達迦，字號今珠。一九五九年於臺北十普寺受具足戒，一九六三年發心擴建臺北士林湧泉寺，歷十餘年而成，後繼妙廣法師為湧泉寺第二代住持。一九九九年五月二十三日於念佛聲中示寂，世壽七十九，僧臘四十一，戒臘四十秋，六月六日發引臺北三峽荼毗，遺骨安奉於湧泉寺地藏殿。

【正體】尼　1922～？

正體尼師，俗名梁秀美，臺中人氏，畢業於佛教講習班，十五歲時在臺中后里毘盧寺任知客，十六歲皈依曹洞宗後往中壢圓光寺研習佛學。一九五四年十月接任臺中大甲金華堂（今金華寺）為住持。

【達能】僧　1926～1997

達能法師，俗姓林，臺灣新竹人氏，一九二六年九月十二日生，一九四六年在臺北北投法藏寺依妙振法師出家，字今逸，號達能。一九六三年在臺北臨濟寺受具足戒，後負笈日本駒澤大學，一九六八年取得碩士學位。

回臺後隨侍白聖法師東南亞弘法，駐錫馬來西亞檳城觀音寺。一九七一年任丁加奴佛教會、吉隆坡曇華苑佛教青年會導師。一九七四年至一九七六年期間與白聖、真頓法師於泰國曼谷創立佛光學苑。一九七八年輔助白聖法師於美國加州創建聖能寺，後返檳城極樂寺任監院，嗣承白聖法師鼓山湧泉寺曹洞宗法脈。

一九二九年至一九七五年間弘法於砂勞越古晉，推動砂勞越佛教會於一九七八年四月成立。一九八一年為報祖恩，第三次重建通法禪寺。一九八九年四月白聖法師圓寂後，翌年接任檳城極樂寺方丈。

一九九七農曆七月五日，示寂於臺北市通法禪寺，法接福建鼓山湧泉寺曹洞宗第四十八代，世壽七十二，僧臘五十二秋，戒臘三十四夏。

【玄深】尼　1913～1990

玄深尼師，俗名鄭秀梅，臺灣新竹人氏，一九一三年生。一九二二年於新竹香山一同堂（後改名一同寺）禮弘宗法師出家，一九三〇年任一同堂住持。

一九三六年赴日本京都尼僧學校就讀，一九四二年返臺仍住一同堂。一九四九年於新竹南門本願寺創辦佛教講習會，聘慈航法師為會長。一九五一年於新竹柴橋里現址購地四甲餘重建一同寺，一九七五年完工。一九五六年於寺內創辦「新竹女眾佛學院」一屆，印順法師任導師，演培法師為院長，學僧四十餘人，一九七七年辦一同幼稚園。

玄深尼師自一九五〇年任臺灣省佛教會理事後，又任新

竹縣佛教支會常務理事等教界要職。一九九〇年農曆七月二十一日往生，世壽七十七，僧臘六十八。

【真常】僧　1900～1945

真常法師，新竹關西人氏，俗名曾易書，一九〇〇年正月十五日生。十五歲畢業於關西國校，後入私塾，一九一五年依達聖法師出家，一九一九年赴大陸安徽九華山受戒，旋入安慶佛學院深造，親近常惺法師，三年期滿轉赴南京內學院攻讀法相，三年有成回臺。一九二七年任《亞光月刊》社長，翌年輔覺力法師開辦「法雲佛學社」。

一九三一年任「南瀛佛教會」教師，一九三四年赴日居東京高岩寺一年，並接受曹洞宗佈教師之職，出席日本東亞佛大會，請回日譯《南傳大藏》一套。一九三七年任臺中大覺寺住持，兼臺北龍山寺住持、苗栗法雲寺副寺。光復後籌組臺灣省佛教分會，一九四五年農曆十二月二十九日圓寂，世壽四十六，著有《佛學淺說》、《毘盧誦本》等書。

【真慧】尼　1904～?

真慧尼師，苗栗縣人氏，一九〇四年生，早年出家於苗栗新蓮寺達珍尼師 (1906～1957) 座下，一九四六年開山羅阿順居士往生後前來住持，並購水田三甲以充寺產。

【真書】尼　1909～1989

真書尼師，新北市人氏，一九〇九年生，早年禮新竹清泉寺達印尼師出家，清泉寺原建於一九三〇年，達印尼師之後由真書尼師繼任住持，一九八九年往生，享年八十歲。

【智雄】僧　1910～1980

智雄法師，十六歲於苗栗大湖法雲寺禮真常法師出家，二十歲赴日本曹洞宗大本山受戒，二十八歲任曹洞宗佈教師，臺中大覺寺副寺，三十五歲接掌臺中法華寺。臺灣光復後連任臺灣省佛教會常務理事、臺中市佛教支會常務理事、大覺院常務董事等職，一九八〇年元月二十六日往生，世壽七十一。

【如學】尼　1913～1992

如學尼師，俗名張繡月，新竹人氏，新竹高等女學校畢業後，年十九於新竹青草湖一同寺禮玄深尼師出家，法號如學。

出家後曾親近苗栗大湖法雲寺開山覺力禪師有年，後轉赴日本曹洞宗駒澤大學深造，一九三九年拜日僧澤木興道為師，法號道宗。學成回臺，於一九四四年應聘住持南投碧山岩，一九五八年因八七水災而至臺北籌建法光寺。一九六九年於碧山岩創辦南光女眾佛學院，一九七四年退位，將碧山岩住持之位交弟子禪海尼師後轉赴臺北全力發展法光寺，一九八九年創辦法光佛研所。一九九二年元月三十日圓寂，世壽八十，僧臘六十，戒臘五十七。

【如慧】尼　1914～1986

如慧尼師，新竹縣人氏，一九一四年生，早年出家於新竹一同寺，光復後由萬佛寺受聘前來住持新竹龍泉寺，龍泉寺原創於一九三六年。

【慧敏】尼　1916～1985

慧敏尼師，一九一六年二月八日生，俗姓陳，二十一歲時於汐止靜修禪院禮玄光尼師出家，後於基隆月眉山靈泉寺

求學，並赴日深造多年，一九五五年於靈泉寺求受具足戒。戒後任北投法藏寺監院，生前曾協助推廣影印《大藏經》。創辦太虛佛學院、法藏佛學院等有關佛教文化活動。一九八五年元月二十九日圓寂於北投法藏寺。世壽六十九，僧臘四十八，戒臘三十。

【真性】僧　1917～1974

真性法師，內號今淨，一九五七年於桃園大園鄉現址創建淨蓮寺，前後工程達十六年之久。

真性法師曾任桃園縣佛教支會理事長，惜於一九七四年農曆正月二十六日圓寂，世壽五十八。

【慧妙】尼　1935～1983

新北汐止慈航紀念堂住持慧妙法師，字慈英，俗姓曾名素英，一九三五年六月九日生，臺灣苗栗縣人，十九歲至靜修院依止玄光老法師為剃度本師。二十六歲於基隆海會寺受具足戒。二十九歲發心上慈航紀念堂，重整慈航菩薩道場。不幸因病於一九八三年五月六日七時圓寂。世壽四十九歲。

慧妙法師早年出家，夙具慧根，秉性仁厚。一九六一年為紀念慈航菩薩肉身成道之慈航紀念堂第一期工程新近完工，法師為紹隆佛法，以二十九歲之齡，於一片草創簡陋、百事待興中，毅然肩起住持慈航菩薩道場，發揚大師遺志與精神之重大責任。

【禪欣】尼　1936～1996

　　禪欣尼師，南投草屯鎮人氏，俗名何秀霞，一九三六年十月生。

　　初入佛門親近臺中李炳南居士學習念佛淨土法門，並皈依在南投碧山岩寺如學尼師座下。一九六三年於臺北法光寺如學尼師座下剃度出家。一九七三年至陽明山永明寺曉雲尼師座下修學。一九七六年與禪慧、照惠二尼師在永和以公寓為道場，一九八〇年創建「覺苑寺」。

　　禪欣尼師推廣素食不遺餘力，與照惠尼師原是出版《百味香素食食譜》，改革素食作法，一九九四年完成《百味香素食教學錄影帶》三十多卷，一九九六年四月禪欣尼師發現肝腫瘤，七月二日圓寂，世壽六十一齡，僧臘三十四秋，戒臘二十四夏。

（七）法雲寺派下的寺院

一、白蓮寺／宜蘭縣冬山鄉永興路二段 903 號

二、覺苑寺／新北市永和區竹林路 225 巷 39 號 5 樓

三、圓通寺／新北市中和區圓通路 367 巷 64 號

四、慈雲寺／新北市中和區圓通路 367 巷 66 號

五、菩提院／新北市板橋區光正街 45 巷 17 號

六、善導庵／新北市新莊區化成路 630 巷 20 號

七、寶纈禪寺／新北市五股區成泰路四段 43 號

八、湧泉寺／臺北市士林區劍南路 211 號

九、東方寺／臺北市士林區永公路 245 巷 24 號

十、法藏寺／臺北市北投區溫泉路 156 號

十一、平光寺／臺北市大同區敦煌路 78 號

十二、通法寺／臺北市中正區廈門街 34 巷 15 號

十三、法光寺／臺北市松山區光復北路 60 巷 20 號

十四、圓光禪寺／桃園縣中壢市聖德路一段 888 巷 11
號

十五、六通寺／桃園縣新屋鄉大坡三角堀 62-1 號

十六、圓光寺／新竹市高峰路 131 號

十七、一同寺／新竹市明湖路 365 巷 1 號

十八、翠壁岩寺／新竹市高翠路 6 號

十九、萬佛禪寺／新竹市寶山路 151 號

二十、萬佛庵／新竹縣峨眉鄉水濂洞七星村六寮 14 鄰
59 號

二十一、法雲寺／苗栗縣大湖鄉富興村 11 號

二十二、法寶寺／苗栗縣大湖鄉大寮村龜山 1 號

二十三、慈願寺／苗栗縣頭屋村雙龍街 202 號

二十四、靈天禪寺／苗栗縣造橋鄉龍昇村 10 鄰新莊子
12 號

二十五、新蓮寺／苗栗縣後龍鎮坑仔路 41 號

二十六、廣修佛院／苗栗縣頭份鎮中正二路 35 巷 38 號

二十七、淨覺院／苗栗市大同里福星山 18 號

二十八、妙音寺／臺中市豐原區忠孝街 114 號

二十九、毘盧禪寺／臺中市后里區寺山路 1000 號

三十、永光寺／臺中市大甲區水源路 320 號

三十一、金華寺／臺中市大甲區金華路 32 號

三十二、佛教會館／臺中市正義街 102 號

三十三、碧山岩寺／南投市彰南路三段 1929 號

三十四、聖音禪寺／南投縣草屯鎮草溪路慧音巷 20 號

三十五、真巖寺／南投縣國姓鄉（村）國姓路 487-1 號

三十六、德山寺／南投縣竹山鎮德興里德山巷 7 號

三十七、東山學苑／彰化市龍涎路 142 號

三十八、善德禪院／彰化縣社頭鄉泰安村山腳路三段善
　　　　　德巷 126 號

三十九、清水岩寺／彰化縣社頭鄉清水村清水岩路 1 號

四十、鳳山禪寺／彰化縣溪湖鎮彰水路四段鳳山巷 312
　　　號

四十一、圓明寺／嘉義縣東石鄉塭仔村三切 69 號

四、臺南開元寺派

(一) 前 言

開元寺是臺南最古老的佛寺之一，也可以說是臺灣佛教發展的重鎮，自清代至日據時代，都一直具有相當的影響力，但若將日據時代劃分為四大法派（基隆月眉山靈泉寺、苗栗大湖法雲寺、五股觀音山凌雲禪寺、高雄大崗山超峰寺），而將臺南開元寺摒除在外，其實並不公允。日據時代臺南開元寺的僧侶相當活躍，如得圓、捷圓、證峰（林秋梧）、證光（高執德）等法師都是活動力極強的佛教界領導人物。

不過，造成開元寺派在戰後被學者、專家忽視的原因至少有兩個，一是將開元寺派劃歸大崗山派❶，一是認為戰後大崗山派的影響力已取代開元寺派。但是，還有一點值得注意的是，日據時代有人還將開元寺派與五股凌雲寺派視作同一派❷。當然，開元寺與凌雲禪寺同出一脈是毫無疑問的，

❶　《重修臺灣省通志》卷三〈住民志宗教篇〉，瞿海源編纂第一冊（南投：臺灣文獻委員會，一九九二年），頁 127～144。

❷　施德昌的《臺灣佛教名蹟寶鑑》（臺中：民德寫真館，一九四一年）〈觀音山凌雲禪寺〉創立沿革曾兩次提到「明治三十三年傳芳和尚的法孫寶海禪師」，以及「（寶海禪師）聘請當時同

甚至在日據時代皆有良好的互動，但由於凌雲禪寺的本圓法師與傳芳和尚不是直接師承，僅是師叔伯孫輩，加以南北兩地各自繁衍，還是各自看待會較清楚。

開元寺的前身為明永曆十六年 (1662) 鄭成功在此鑿井築室避暑為始❸，但真正闢為佛寺則是在清康熙二十八年 (1689)❹，第一代住持志中和尚出身福建泉州承天寺❺，法承曹洞宗。志中和尚之後又有竹庵福宗、福珀、福儀、石峰、澄聲等禪師承續❻，直到日據之前仍有門人妙諦住開元寺❼，但當時開元寺已為榮芳和尚 (?～1882) 所住持。榮芳和尚生於清道光年間，在鼓山湧泉寺受戒，後赴福建南少林寺修禪習武，清同治年間 (1862～1874) 回臺後出任開元寺住持❽，可是榮芳和尚在一八八二年即圓寂，而後來離開開元寺移錫大崗山超峰寺的義敏、永定師徒，似乎並沒有繼任開元寺的住持，以致在日本據臺 (1895) 之前的開元寺呈現空窗期，而

其在福州鼓山湧泉寺修行的傳芳和尚之法孫沈本圓為（凌雲禪寺）住持」，而傳芳和尚正是開元寺住持。

❸　《臺灣佛教寺院庵堂總錄》（佛光，一九七七年），頁 441 之〈開元寺建寺二百八十六寺歷紀要〉。

❹　同註❸。

❺　《南瀛佛教》第九卷第四號，頁 34 鄭卓雲之〈臺灣開元禪寺沙門列傳〉。

❻　同註❺。

❼　《慈恩拾穗──宏法寺開山二十週年紀念》之〈義敏上人行化記〉，開證等編（高雄：宏法寺，一九七六年），頁 177。

❽　《南瀛佛教》第九卷第八號，頁 29～30 鄭卓雲之〈臺灣開元禪寺沙門列傳〉。

在日據第一年「僧徒四竄，寺宇頹落，鐘鼓聲沈，寺被強人所佔與劣僧盜賣者有半」❾。而在榮芳和尚的徒弟輩玄精和尚 (1875～1921) 於一九〇三年正式接掌開元寺之前的九年間，永定法師才由監院升上住持❿。

玄精和尚接掌開元寺住持後的第七年 (1909)，「忽遭樸仔腳鄧平暴動事件之誣累，受臺南辦務署召審，後幸無事，乃由臺南廳長藤田及曹洞宗佈教師原田泰能之介紹，明治四十二年，飛錫內地繼轉泉州海印寺」⓫，玄精流寓泉州海印寺，於一九二一年二月十一日圓寂，年僅四十七歲。玄精的師父傳芳 (1855～1918) 其時「隱舍利窟修禪，道行圓滿，遊興化歷住泉州崇福、承天二寺，然後復住湧泉」⓬，直到一九一三年才由開元寺成圓監院迎回臺灣任住持，也就是說玄精在一九〇九年離臺赴泉州至一九一三年之間，大約有四年的時間開元寺沒有正式的住持。

傳芳和尚早年「嘗遇開元寺，聞榮芳和尚談出世法，於言下有省，覺人生無常，遂萌出家想，於光緒辛巳年（當二十七歲新婚四月）說妻諒解，攜榮芳和尚紹介手諭，投福建鼓山湧泉寺，禮維修上人出家，得戒於怡山復翁老和尚」⓭。

---

❾　同註❸。

❿　同註❽文載：「（永定）明治三十一年戊戌（二十二歲）出家圓頂，禮義敏上人為師，住臺南開元寺，勤謹服務，歷任監院兼住持職。」

⓫　同註❽。

⓬　同註❽，頁 31。

⓭　同註⓬。

傳芳於一九一八年圓寂，其住持開元寺僅九年。

繼傳芳和尚接任開元寺住持的是得圓法師 (1882～1946)，得圓是在一九〇五年（二十四歲）時禮玄精和尚出家，翌年到鼓山湧泉寺受戒，得戒和尚為妙蓮，翌年回臺住開元寺，歷監院職，一九二一年被選為開元寺住持❹。開元寺在日據時代的發展，可以說是從得圓法師開始，而整個開元寺派繁衍，除了得圓之外，還有其師兄弟周圓 (1897?～1946)、捷圓 (1879～1948) 等共負巨業，而不似五股觀音山凌雲禪寺的本圓 (1883～1947) 單打獨鬥。

得圓法師，字印如，臺南州新營郡白河庄馬稠後（今臺南白河）人，他繼任開元寺住持後「戒行精嚴，禪理達妙，雖久罹胃病，未敢尸位素餐，孜孜勉勵大眾經濟精進。重修山門，注重僧伽教育，企宗風之丕振，克己淡薄自樂古風者焉」❺。得圓法師除了在硬體設備殊有建樹之外，在教育方面亦有進展，例如在一九三七年四月於開元寺中開辦「臨濟宗高等佈教講習會」四個月，結業學員有八十人；又如在一九四二年八月開辦「南部佛教練成所」為期一年，結業人員也有八十名❻。

不過，得圓法師在開元寺所進行的軟硬體建設也不是一帆風順，例如在一九三〇年「夏秋受惡輩之詆毀，其亦置之度外，而盡職大局」❼。他在開元寺所受到的阻礙，事實上

❹ 《南瀛佛教》第九卷第九號，頁 20 鄭卓雲之〈臺灣開元禪寺沙門列傳〉。

❺ 同註❹。

❻ 《臺灣佛教大觀》（張文進，一九五六年），頁 196。

和他的弟子證峰法師 (1903～1934) 所推行的佛教改革有部分關係。

得圓法師有兩大弟子，皆活躍於日據時代，一是證光法師 (1896～1955)，一是前述的證峰法師（林秋梧），他們兩人不僅為法兄弟，而且還是日本駒澤大學前後期的學長學弟關係。證光法師於一九三〇年畢業於駒澤大學，而證峰法師亦於同年三月畢業，四月返臺❶。

證峰法師回臺之後，擔任「南瀛佛教會」的講師，以及開元寺的講師兼書記❶。由於證峰法師深具佛教改革色彩，在其師父得圓法師的支持下，從事各項佛教改革運動，例如反對中元普度。就在證峰法師自日本返回開元寺的兩個多月後，《臺南新報》就批評「開元寺僧之思想惡化」、「為某某左傾派之軍資供給所之觀」、「藉佛教講演之名，以運動社會政治」❷，這些批評皆是針對證峰法師而發。不過，開元寺一九三〇年這場風波，基本上還牽涉到寺內住持得圓法師與副寺徹（澈）淨法師之間的鬥爭，以及寺外亟欲謀圖寺產的鄉紳❹。

也就是說，開元寺在日據時代不僅人才輩出，更是領導

---

❶ 同註❹。

❶ 《南瀛佛教》第十二卷第十二號。

❶ 《南瀛佛教》第十二卷第十二號，頁 28 鄭普淨之〈故證峰大師追悼錄〉。

❷ 《臺灣革命僧林秋梧》，李筱峰著，自立晚報社文化出版部，一九九一年二月，頁 117～119。

❹ 同註❷，頁 122～124。

佛教改革思潮的重鎮，而其一派傳承的弟子更是遍及臺南、
高雄、屏東等地，建立的寺院亦相當多。甚至在臺灣光復後，
得圓法師的另一弟子證光法師，即代表臺灣省佛教會於一九
四七年參加在南京召開的中國佛教會代表大會❷。

　　證光法師，俗名高執德，他在一九四四年元旦正式升任
開元寺住持，一九四八年於開元寺創辦「延平佛學院」，一九
五五年因「白色恐怖」被保密局逮捕並槍決。此後開元寺或
許走入潛浸的時期，但與得圓法師同一輩分的印明和尚
(1882～1959?) 仍住持開元寺❸，並在一九五九年由眼淨和尚
(1898～1971) 繼任住持。眼淨和尚，法名證法，與證峰、證
光是同輩師兄弟，在日據時代乃至六、七〇年代仍然具有影
響力，他在一九二四年接任北港朝天宮住持，一九四八年接
掌臺南竹溪寺住持❹。而臺南竹溪書院及開元寺開元佛學書
院的開辦，都在眼淨和尚的手中完成。

　　總之，開元寺派的傳承不僅可以與其他日據時代的寺派
比美，由弟子傳承建立的寺院亦甚可觀，所繁衍的法派人數
在南臺灣仍深具影響力，其自成一派的態勢已甚明矣！

---

❷　《巨贊傳》，北京：中國社會科學出版社，一九九五年十二月，
　　〈臺灣行腳記〉，頁 450。

❸　同註❻。

❹　《眼淨和尚圓寂二十五週年紀念集》，高雄：元亨寺妙林出版
　　社，一九九六年四月。

(二) 開元寺派重要法師小傳

【榮芳】僧　?～1882

榮芳和尚，字達源，高雄鳳山人氏，生於清道光年間。幼年出家，詣福建鼓山湧泉寺受戒，後入嵩山少林寺修禪習武。清同治年間歸臺，任臺南開元寺住持，一八八二年冬入滅，開元寺南有墳塔一座。

【傳芳】僧　1855～1918

傳芳法師，字清源，號布聞，臺南石門腳人氏，俗名陳春木，一八五五年二月十五日生。富陶朱之術，以茶商為業，少年時與開元寺榮芳和尚 (?～1882) 談出世法，言下有省，覺人生無常，遂萌出家之念。一八八一年適新婚四個月，得妻諒解，攜榮芳和尚介紹信，投福建鼓山湧泉寺維修上人出家，得戒於怡山復翁老和尚，隱舍利窟修禪，後遊興化歷駐泉州崇福、承天二寺，再駐湧泉寺，一九一三年應臺南開元寺監院成圓法師之請歸臺任住持。因臺地佛教不振，乃攜成圓、本圓兩監院詣臺北臨濟護國禪寺訪日僧長谷慈圓共謀闡揚臨濟宗風。一九一七年與長谷慈圓、丸井赴中國內地遊名山，視察佛教各機關。後訪日本京都妙心寺臨濟宗本山，蒙賜《大藏》經文全部。一九一八年四月二十二日示寂於臺南開元寺，世壽六十四。

【玄精】僧　1875～1921

玄精法師，字法通，俗名蔡漳，臺南鹽水布袋嘴人氏，一八七五年生，傳精法術，善能隱身移痣、療痼疾，時人稱

「蔡真人」。二十一歲時因臺灣陷日而皈依龍華派，禮臺南西港信和堂黃普宗為引證師，後投臺南開元寺傳芳法師 (1855～1918) 出家，旋往福建鼓山湧泉寺受戒。一九〇三年任開元寺住持，時監院為永定法師。後受樸仔腳鄧平暴動之牽累，受臺南辦務署之審訊，雖無事，乃由日臺南廳長藤田及曹洞宗佈教師原田泰能之介紹，於一九〇九年轉移福建泉州海印寺，一九二一年二月一日圓寂，世壽四十七。

【相圓】僧　?～1919

　　相圓法師，俗名吳振泰，字景東，臺南北門人氏，幼學儒學，一九〇八年於臺南開元寺禮玄精上人為師，一九一三年出家，翌年任寺監院兼教授。一九一六年至大陸福州大雪峰修禪，翌年往泉州泉天禪寺，一九一九年四月二十九日圓寂。

【捷圓】僧　1879～1948

　　捷圓法師，俗姓周，出家後往福建鼓山湧泉寺受戒，一九〇九年回臺被舉為臺南竹溪寺住持。一九二七年法師將平日所積之重金重建竹溪寺，一九三四年竣工，一九四八年農曆三月四日圓寂。

【印明】僧　1882～1959?

　　印明法師，臺南人氏，一八八二年生，四十六歲時出家於開元寺，一九五三年繼任開元寺住持，曾任臺南縣佛支會理事。

【得圓】僧　1882～1946

得圓法師，俗名魏松，字印如，臺南白河馬稠後人氏，為魏繼昌先生第四子，生於一八八二年十二月十四日，自幼讀書頗通文理，好善書佛典，念生死大事，十八歲時皈依齋教龍華派，歷四偈位。一九〇五年禮玄精法師出家，翌年赴大陸內地福建鼓山湧泉寺受戒，得戒於妙蓮方丈，後轉錫泉州崇福寺，翌年回臺住開元寺任監院，一九一二年任臺南水仙宮住持，一九一六年轉至馬稠後任住持仍兼開元寺監院。一九二一年被選為開元寺住持。一九三七年四月於寺中開辦「臨濟宗高等佈教講習會」為期四個月，一九四三年八月開辦「南部佛教練成所」為期一年。得圓法師於一九四六年圓寂，世壽六十五。

【碧圓】 僧　1893～1963?

碧圓法師，俗名張連丁，屏東縣人氏，早年皈依於臺南開元寺。一九二三年於屏東新埤鄉創建高恩堂（今高恩寺）。

【周圓】 僧　1897?～1946

周圓法師，俗名李瑞興，臺南北門人氏，十七歲時於臺南開元寺出家。二十四歲時在臺南竹溪寺教授經學，二十八歲 (1925) 受鄉里北門郡佳里、西港兩學堂囑託，於學甲住持萬成堂（今之法源禪寺），同年任茅港（下營）觀音亭住持，一九三五年於新化玉峰山創建接天寺，一九四六年九月六日圓寂。

【慎淨】 僧　1882～1923

慎淨法師，字證成，俗名闊嘴，名燦三，俗姓黃，臺南

人氏，一八八二年生。幼讀詩書，一九一三年三十二歲於臺南竹溪寺禮捷圓和尚出家，後駐錫開元寺，一九一九年受具足戒，遊歷中國內地參訪諸山長老，後仍歸開元寺，受住持得圓和尚升為監院，與臺南赤崁城內諸名士林皆有往來。一九二三年二月四日示寂於開元寺，世壽四十二。身後留有詩集遺稿及中國遊行筆記，傳存於開元寺中。

【水淨】僧　1887～1965

水淨法師，一八八七年生，俗名江礦，少年學佛，並好武術和善施藥為人治病。早年出家於臺南竹溪寺，禮捷圓法師為師，一九五九年於臺北十普寺受具足戒，駐錫臺南歸仁善化寺凡四十年，一九六五年十二月二十一日圓寂，世壽七十九，戒臘六。

【徹（澈）淨】僧　1887～1975

徹淨法師，一八八七年生，臺南人氏，早年曾習漢學，二十一歲時出家於臺南開元寺，後遊歷大陸鼓山、南海普陀山、安徽九華山，以及泉州、杭州等內地名剎寺院，一九二二年回臺任開元寺監院。一九四二年接掌臺南西港信和堂（今信和寺）住持。

臺灣光復後曾任臺南縣佛教會理事、臺南縣佛教支會理事長等職務，一九七五年往生。

【惻淨】僧　1888～1953

惻淨法師，俗名邱溪，早年出家於臺南開元寺，為臺南佳里人氏。一九二三年受聘住持佳里善行堂（今善行寺），一九五三年九月圓

寂，為善行寺第一代住持，法承臨濟宗第六十二代孫。

【能淨】僧　1888～1969

　　能淨法師，俗名張冉二，高雄美濃人氏，一八八八年生，幼學漢學，一九○九年於臺南開元寺出家，一九一二年四月一日於美濃創建朝元寺，加被日本臨濟宗大本山妙心寺管長任命為後補大本山前堂職，一九二二年四月再受任命為臨濟宗佈教師，一九二七年再重建朝元寺，翌年完成。一九五二年自住持之位退居，由其徒孫慧定尼師繼任。一九六九年七月二十日寂於朝元寺，世壽八十二，生前曾任高雄佛教支會理事長十三年。

【證中】僧　1890～1962

　　證中法師，俗名王六，臺南人氏，一八九○年生，四十七歲時於佳里善行寺禮惻淨法師出家，一九五三年九月惻淨法師圓寂，同年十一月接任善行寺第二代住持，一九六二年三月三日往生，世壽七十三。

【了淨】尼　1890～1960

　　了淨尼師，臺南人氏，一八九○年生，早年出家於臺南竹溪寺。一九一二年曾駐錫斗六引善寺（原名引善堂），一九四六年由引善寺來雲林林內鄉創建圓明寺（日據時代為林內佈教所），一九四七年舉行入佛式。一九六○年五月八日圓寂。

【詮淨】僧　1892～?

　　詮淨法師，臺南北門人氏，生於一八九二年，少習漢學，

後在當地任雜貨商管理。一九一三年棄商就
道，於臺南開元寺出家，一九二三年任寺監
院，一九二四年赴中國內地視察佛教，迎請
玉佛十尊回臺。一九二八年任日本臨濟宗妙
心寺派大本山為知客藏主首座，同年任屏東
東山寺住持。

【和（順）淨】僧　1895～1976?

　　和（順）淨法師，臺南人氏，一八九五年生，二歲時出
家於臺南竹溪寺，後到臺北五股凌雲禪寺駐錫，一九三一年
前後受聘住持臺南善化慈善堂（今慈善寺），一九七六年前後
往生。

【潔淨】僧　1896～?

　　潔淨法師，俗姓李名清河，一八九六年
生，澎湖縣人氏。一九五七年於臺南開元寺禮
得圓和尚披度出家，後住持澎湖湖西鄉西泉禪
寺。西泉禪寺乃一九六二年由深淨法師開山
創建。

【和妙】僧　1898～1985

　　和妙法師，臺南人氏，一八九八年元月六
日生，俗名王利成。師少時務農，佛緣深厚，
一九五五年於臺南竹溪寺皈依，並禮淨覺、章
嘉、慧峰三位法師為皈依本師，翌年於苗栗大
湖法雲寺受具足戒。一九六四年於臺南市南區
創建福國精舍（今福國寺），爾後行腳於臺灣各地，並在八十
二歲時將福國精舍奉獻給佛光山。一九八五年農曆八月二十

一日往生，世壽八十八歲，僧臘三十一，戒臘三十，塔奉臺
南龍崎岩晃寺中。

【明淨】僧　1900～?

　　明淨法師，臺南人氏，一九○○年生，二十二歲時出家
於臺南開元寺，一九五七年曾任臺南白河碧雲寺住持，兼嘉
義水上鄉苦竹寺住持。

【雲淨】僧　?～1932

　　雲淨法師，字證月，俗名楊福興，屏東東港人氏。生於
農家，為人忠厚，少成家室，生一男，後拋妻棄子剃髮為僧，
十餘年來行腳臺灣南北諸寺，居無定所。一九二六年因年邁
體衰投臺南開元寺常住，一九三二年農曆九月十二日圓寂。

【眼淨】僧　1898～1971

　　眼淨和尚，法名證法，俗名林看，臺南下
營鄉人，一八九八年七月四日生。年十二禮臺
南竹溪寺捷圓上人出家，十九歲受日僧東海宜
誠賞識引介至臺北佛教鎮南學林（臨濟宗派
下）就讀，五年畢業時年二十五。回寺後未久
遭丁憂，同年冬於臺北觀音山受三壇大戒，翌年赴廈門南普
陀佛學院求學，嗣後東渡日本京都臨濟宗專門道場深造，並
赴岐阜學習真言、法相要義。學成返臺受聘擔任臺南監獄司
法保護委員。

　　一九二三年北港朝天宮住持頓超和尚圓寂，翌年經管委
會協議聘師為住持。一九四八年捷圓上人圓寂前授師衣鉢囑
其接掌竹溪寺。師接掌晉山後開辦佛教書院，一九五八年建
藏經閣，一九六四年建功德堂，一時住僧達百餘人。

一九六九年因年事已高先辭開元寺住持，後卸竹溪寺寺務。一九七一年農曆二月三日示寂於竹溪寺，世壽七十四，僧臘六十二，戒臘四十九。

【舌淨】尼　1901～1991

舌淨尼師，臺南人，俗名黃桃（人稱阿桃姑），三十六歲時於臺南竹溪寺出家。一九四六年於臺南市東區創建「修禪院」，一九五三年落成。一九九一年往生，世壽九十一歲。

【戒淨】尼　1903～1962

戒淨尼師，雲林縣人氏，一九○三年生，三十歲時於虎尾龍善寺出家，並於臺南竹溪寺研究佛學。臺灣光復後於一九四六年二月十九日接任雲林虎尾寺（日僧所創於一九三六年之曹洞宗虎尾寺）。一九六二年戒淨尼師圓寂。

【證光】僧　1896～1955

證光法師，俗名高執德，彰化永靖人氏，早年於公學校任職，後因母逝感悟人生無常，辭公職赴日本駒澤大學求學，一九三○年回臺，受臺灣總督府囑託，兼南瀛佛教會教師，後辭任視察大陸佛教，被聘為開元寺教師。一九四四年元旦繼任開元寺住持。一九四七年五月底臺灣省佛教會推舉為代表，參加在南京舉行的全國佛教大會。一九四八年於開元寺創辦延平佛學院。後因俗家堂兄弟所累，證光法師因被保密局逮捕下獄，一九五五年被槍決。

【證峰】僧　1903～1934

證峰法師，俗名林秋梧，臺南市林成武先生哲嗣，一九○三年生。一九一一年四月入臺南第一公學校，一九一七年三月畢業，一九一八年四月入臺北師範學校肄業。一九二二

年因北師問題而遭退學,同年往日本神戶玉波商行,一九二三年臘月歸臺,一九二四年赴福建廈門某校執教鞭,一九二五年六月丁母憂歸梓。一九二六年入文化協會寫真部,一九二七年辭職投禮臺南開元禪寺印如得圓和尚出家為僧,同年四月入東京駒澤大學,一九三○年三月畢業,四月歸臺,同年五月受命南部臨濟宗佛教講習會講師,同年九月講習會閉幕回開元寺任教師兼書記。同年十二月受命兼南瀛佛教會教師。一九三四年任臨濟宗佈教講習會講師兼通譯,同年十月十日圓寂,享年僅三十二歲。身後遺有《真心直說註解》與《堅固女經》刊行。

【得淨】尼　1909～1965

　　得淨尼師,生於一九○九年,雲林斗六人氏,一九二五年於臺南開元寺禮周圓法師出家,後遍禮臺灣名山名剎,一九四一年於彰化溪州現址(原蕭玉階醫生私宅)創建法圓禪寺。尼師精通醫理,平日施藥濟苦不收分文,頗得當地人士敬仰,亦是臺省少數解行有成之尼師。一九六五年二月四日往生,世壽五十七,法臘四十。

【聖淨】尼　1917～1973

　　聖淨尼師,俗名柚柑,早年於接天寺禮周圓法師出家,並曾擔任臺南市正覺寺副寺多年。一九六三年於臺南仁德鄉創建淨修禪院,一九七三年農曆六月七日圓寂,世壽五十七。

【鎮淨】僧　1920～1971

鎮淨法師，法號證達，一九二〇年生，臺
南人氏，高小畢業。十四歲時於臺南開元寺皈
依印明老和尚為師，曾經在臺南竹溪寺、法華
寺等大寺院參學。一九五四年創建臺南開華禪
寺，一九六一年創建楠西德山寺，一九七一年
圓寂，世壽五十二。

【越妙】僧　1911～？

越妙法師，俗名鍾連上，一九一一年生，屏東縣人氏，
早年出家於臺南開元寺，後至臺北觀音山凌雲寺研習佛學，
曾駐錫內湖圓覺寺，一九四三年由圓覺寺來大濟佛堂（圓覺
寺臺北佈教所）住持，一九五七年兼任基隆紫竹岩住持。

【中妙】僧　1908～1928

中妙法師，俗名黃天松，臺南將軍鄉人氏，一日遊竹溪
寺，遇僧勸請學佛，遂皈依三寶。常隨父至開元寺，後於寺
中禮詮淨法師為師，後入臺北佛教中學林肄業，畢業於臺南
商業學堂。年十六父歿，一九二八年二月三日病逝於廈門，
年僅二十一歲，僧臘十。

【信行】僧　1907～1973

信行法師，俗姓宋，名維生（桂），桃園
縣人氏，一九〇七年生。一九三〇年於屏東東
山寺依詮淨和尚披剃出家，二十歲時赴福建泉
州大開元寺受具足戒，二十一歲返臺，乃駐錫
屏東東山寺，一九四〇年因潮州內埔真如禪院
（永和堂）住持楊開盛於一九三七年圓寂，故而晉升該寺住

持。一九五九年於屏東市創建圓音精舍，一九七一年當選屏東佛教支會理事長及省佛教會理事等職，一九七三年五月四日圓寂，世壽六十七，僧臘五十二，戒臘五十一。

【珍妙】尼　1908～1973?

　　珍妙尼師，臺南人氏，一九〇八年生，早年出家於龍湖庵，臺灣光復後接掌臺南下營觀音寺（原名觀音亭）住持，一九五三年三月更名為慈光寺，不久又改回觀音寺，一九七三年卸下住持之位。

【復妙】僧　1903～1957

　　復妙法師，十八歲出家，翌年禮臺南開元寺徹淨老和尚為師，一九二一年受戒於臺北觀音山凌雲禪寺。法師早年留學日本京都花園專修學院，回臺後歷任屏東東山寺監院、高雄龍泉寺糾察、臺南開元寺書記、雲林龍善寺住持。一九五七年初突發腸癌，同年十月二日圓寂於臺南佛教書院，荼毗後得數顆大小舍利子。

【修妙】尼　1909～1977

　　修妙尼師，廣東惠州人氏，一九〇九年生，俗名陳記妹，四十六歲出家，一九五五年十二月於臺中寶覺寺受具足戒，一九六二年於屏東市創建觀音寺，一九七七年七月二十五日圓寂，世壽六十九，僧臘二十四，戒臘二十三。

【賢（玄）妙】尼　1919～1963

　　賢（玄）妙尼師，俗名方老早，一九一九年生，臺南人氏，日據時代畢業於臺北圓山臨濟宗專修道場及日本京都禪門高等學院。臺灣光復後，一九四六年任斗六引善寺（原名

引善堂）住持，曾任臺南興隆寺及龍湖岩監院，及雲林縣佛支會理事，一九六三年往生。

【今妙】尼　1919～1996

今妙尼師，為高雄市法音寺開山祖師，一九一九年生，一九六〇年出家，翌年受具足戒，一九九六年四月十一日圓寂，世壽七十八，僧臘三十七，戒臘三十六。

【嵩妙】尼　1932～1995

嵩妙尼師，號悟乙，臺南人氏，一九三二年生，早年拜臺南竹溪寺眼淨和尚座下出家。一九七五年中秋接掌西港信和寺第五代住持，一九九五年因肝癌病逝，享年六十四歲。

【順妙】尼　1912～?

順妙尼師，屏東縣人氏，一九一二年生，早年於屏東東山寺皈依，一九四七年接掌屏東麟洛永興寺第五代住持。永興寺建於一九二三年，第一代至第三代為在家居士負責，第四代為信明法師。

【然妙】僧　1927?～1988

然妙法師，俗名郭錦南，高雄梓官鄉望族，十五歲時投禮竹溪寺眼淨和尚座下出家，一九四二年入日本京都禪門高等學校就讀，三年後返臺任竹溪寺監院，一九五六年於臺南碧雲寺受戒。

一九六一年起連任多屆臺南市佛教會理事長，一九七四年重建竹溪寺，一九八五年春又當選第十八屆臺南市佛教會理事長，並兼任北港朝天宮、臺南市正覺寺住持達二十年，一九八八年春圓寂。

【鼻妙】尼　1926～1975

鼻妙尼師，一九二六年生，嘉義縣人氏，一九五〇年於修禪院禮舌淨尼師出家，一九七五年往生，享年五十歲。

【道妙】尼　1901～1967

道妙尼師，一九〇一年生，俗名林求才，臺南人氏，公校及漢學出身。一九五六年於臺南市創建正覺寺，一九六三年農曆十月與和妙尼師於臺南竹溪寺禮眼淨和尚剃度出家。一九六七年圓寂，享年六十七歲，僧臘三。

【悟乙】僧　1932～1995

悟乙法師，臺南人氏，一九三二年生，早年依止臺南竹溪寺眼淨和尚出家。一九七五年秋晉任臺南西港鄉信和堂（今信和禪寺）第三代住持，一九九五年因肝癌病逝，享年六十三歲。

【禪妙】僧　1927～1991

禪妙法師，一九二七年生，臺南人氏，一九四〇年出家，曾任教竹溪佛學院，並任竹溪寺知客、庫頭、臺北觀音山淩雲禪寺等職。一九六四年二月晉任臺南西港信和禪寺第二代住持，一九七五年卸任，一九九一年往生，享年六十五歲。

【鴻妙】僧　1933～1993

鴻妙法師，一九三三年生，早年投禮臺南
竹溪寺眼淨和尚出家，一九七三年晉升臺南東
山鄉龍山寺（原名龍山堂）住持，並重建龍山
寺，一九七八年大殿重建落成，一九九三年十
一月十七日往生，享年六十一歲。

【切妙】尼　1890～1965

切妙尼師，俗名劉甚，生於一八九〇年，早年禮佳里善
行寺惻淨法師為師，後接麻豆保濟寺住持定妙和尚 (?～
1953) 為管理人，一九六五年元月三十一日往生，世壽七十
六，法臘四十餘。

【忍妙】尼　1900～1988

忍妙尼師，一九〇〇年生，十八歲時依了
淨尼師 (1891～1960) 出家，四十三歲時於臺南
開元寺受具足戒，四十五歲隨了淨尼師創建林
內圓明寺，一九六〇年繼了淨尼師之後繼任圓
明寺第二代住持，一九八八年忍妙尼師圓寂，
世壽八十九歲，戒臘四十六。

【豐妙】僧　1914～?

豐妙法師，臺南人氏，一九一四年生，早年畢業於佛學
院，曾駐錫六甲龍湖岩、臺南開元寺、竹溪寺、臺北觀音山
凌雲寺。一九六〇年九月接任臺南新化接天寺住持。

【明妙】僧　1912～?

明妙法師，臺南人氏，一九一二年生，十六歲時出家於
臺南西港信和堂（今信和寺），日據時代畢業於臨濟宗專修道

場及日本京都禪門學院。明妙法師曾任北港朝天宮住持，以及光復後臺灣省佛教分會理事、雲林縣佛教支會常務理事。

【弘定】僧　1908～1994

弘定法師，俗名蔡明瑞，屏東縣人氏，一九〇八年生，法名會悟，字弘定，一九二六年畢業於屏東東港水產學校。一九五八年依信行和尚 (1907～1973) 出家，翌年於臺北十普寺受具足戒，後住持並獻地興建屏東潮州法興禪寺，一九九四年弘定法師往生，世壽八十七，僧臘三十七，戒臘三十六。

【月定】尼　1912～1968?

月定尼師，屏東縣人氏，一九一二年生，一九四九年月定尼師在地方信眾的協助下於屏東車城創建青龍寺。月定尼師曾任屏東縣佛教支會代表，一九六八年心田法師前來繼任住持。

【中妙】僧　1930～1997

中妙法師，嘉義縣人氏，一九三〇年生，早年投禮高雄楠梓慈雲寺乙淨老和尚出家，一九六二年隻身由高雄至嘉義市創建大明禪寺，一九七一年始完成寺院的整體建築，一九九七年圓寂，世壽六十八。

【會本】僧　1950～2008　　再版增列

會本法師，一九五〇年生於高雄人，十一歲於高雄慈雲寺禮一淨和尚出家。一九六四年，負笈臺北臨濟寺戒光佛學院，親近賢頓、白聖法師。一九八〇年，任臺灣省佛教分會

總幹事，後歷任高雄市佛教會理事長、紀念眼淨和尚文教基金會董事長。一九八八年，任慈雲寺第五代住持；二○○○、二○○六年，任中華佛教僧伽會理事長；二○○一年，任世界佛教僧伽會中文秘書長。

（三）開元寺派下的寺院

一、引善寺／雲林縣斗六市引善路 4 號

二、虎尾寺／雲林縣虎尾鎮新興路 94 號

三、大明寺／嘉義市宣信街 29 號

四、開元寺／臺南市北園街 89 號

五、正覺寺／臺南市正覺街 120 號

六、竹溪寺／臺南市體育路 87 號

七、修禪院／臺南市光華街 10 號

八、開華寺／臺南市光華街 214 號

九、觀音講寺／臺南市民權路一段 220 巷 16 號

十、慈照寺／臺南市文賢路 313 巷 38 號

十一、信和寺／臺南市西港區慶安路 30 號

十二、龍山寺／臺南市東山區南溪村二重溪 12 號

十三、善行寺／臺南市佳里區中和街 92 號

十四、善化寺／臺南市歸仁區中山路 120 號

十五、保濟寺／臺南市麻豆區關帝廟 19 號

十六、慈善寺／臺南市善化區北仔店 196–3 號

十七、接天寺／臺南市新化區羊林里 500 號

十八、佛顯寺／臺南市新化區新和庄 12 號

十九、元亨寺／高雄市鼓山區元亨街 5 號

二十、朝元寺／高雄市美濃區朝元街 90 號

二十一、法元寺／高雄市鳳山區博愛路 571 號

二十二、觀音寺／屏東市復興南路一段 162 巷 19 號

二十三、圓音精舍／屏東市民安路 71 號

二十四、永興禪寺／屏東縣麟洛鄉麟蹄村成功路 179 號

二十五、西泉禪寺／澎湖縣湖西鄉西溪村 91 號

五、六甲赤山派

(一) 前 言

如果以不太嚴格的定義來研究臺灣佛教的法派，那麼臺灣的法派自然不只所謂的「四大」，可能有六到七個派別，「赤山派」就是其中之一。

「赤山派」這個名稱其實很早就有學者使用過，研究臺灣佛教史的人並不陌生，只可惜由於赤山派不似月眉山派、觀音山派、法雲寺派及大崗山派有名，故至今乃未有相關專論出現。

赤山龍湖岩根據《龍湖岩傳燈簡介》❶指出，龍湖岩的創建是在清康熙二年 (1663)，康熙四年 (1665) 三月落成，但也有資料顯示，龍湖岩是建於康熙四年❷。無論如何，興建的年代雖有差異，但倡建者都是指向鄭成功的參軍陳永華將軍。而「赤山龍湖岩」的命名還是陳永華所取❸，不僅如此，

---

❶ 赤山龍湖岩手稿本，成稿年代不詳，據推測應完成於民國五十九年以後。

❷ 《臺灣佛寺導遊》㈨，闞正宗著，菩提長青出版社發行，一九九七年五月初版一刷，頁 216〜217。

❸ 同註❷。

龍湖岩的第一代住持參徹禪師，還是陳永華所延聘❹。據說
參徹禪師是本省第一位出家人❺。

參徹禪師在康熙十四年 (1675) 八月雲遊火山（臺南白
河），奉觀音結庵於山中，附近居民乃募建寺宇名「火山大仙
寺」❻，寺成之後命其高足鶴齡禪師住持，參徹禪師乃回龍
湖岩。清乾隆五十四年 (1789) 參徹禪師回大仙寺，翌年示
寂，據傳參徹禪師世壽一百五十六歲，僧臘一百四十，住持
龍湖岩達一百二十五年之久❼。根據〈火山大仙寺沿革〉❽
記載：

> 肇建時，康熙君，四十年，
>
> 名僧理，參徹師，福建省，
>
> 出龍岩，身佩佛，渡海來，
>
> 地遊遍，到岩井，……
>
> 居此地，草庵建，此為先。

《龍湖岩誌》的記載是康熙十四年 (1675) 至火山建大仙
寺，而大仙寺的記載則為康熙四十年 (1701)，兩者相距二十
六年。另一個不同之處是有關鶴齡禪師的記載，〈火山大仙寺
沿革〉說，清乾隆十二年 (1747) 鶴齡禪師向附近居民募款初

---

❹ 同註❶。

❺ 同註❶。

❻ 同註❶。

❼ 同註❷，頁 191。

❽ 同註❼。

設佛寺名曰「火山大仙岩」，而參徹禪師當年僅在此結草庵奉觀音，似乎未曾命名❾。

根據以上資料推測，參徹禪師似乎不可能在陳永華參軍初建時就駐錫龍湖岩，若康熙十四年是四十年的筆誤，那麼龍湖岩在建成之後有長達三十六年無僧人駐錫，不過這並不足為奇，以龍湖岩較接近民間信仰風格來看，這完全是可以理解的。

龍湖岩的第二代住持是鶴清禪師，於乾隆五十四年 (1789) 接任，嘉慶二十三年 (1818) 十月將住持之位傳給來自福建但沒有師徒關係的寬諒禪師。鶴清禪師圓寂時世壽七十二，僧臘五十四，任住持二十九年❿。

第三代住持寬諒禪師道光二十九年 (1849) 圓寂，僧臘五十二，住持三十一年。第四代寶慧禪師是道光三十年由嘉義朴子來寺作佛事而被聘為住持，但因素行不良，僅住持五年即在咸豐五年 (1855) 辭職⓫。

龍湖岩真正進入宗派子孫傳承要從第五代修來禪師算起。修來禪師出身福建鼓山，法承臨濟宗風⓬，清咸豐六年 (1856) 二月來臺駐錫龍湖岩，清光緒元年 (1875) 讓位於弟子梵山後圓寂，世壽一〇二歲，僧臘八十三。修來禪師剃度弟子有梵山、梵悟、梵蓮、梵頓，其中梵悟與梵蓮前往鼓山修學⓭。

---

❾　同註❷，頁 191～192。

❿　同註❶。

⓫　同註❶。

⓬　同註❶。

第六代梵山和尚住持龍湖岩二十七年，於光緒三十年
(1904) 三月七日圓寂，世壽八十。但《臺灣全臺寺院齋堂名
蹟寶鑑》❹卻記載梵山和尚圓寂於大正三年 (1914)，另一本
發行於日據時代的《臺灣佛教名蹟寶鑑》❺又記載梵山和尚
圓寂於大正元年 (1912) 三月。梵山和尚的傳法弟子有妙元、
妙音、妙意、妙慧、妙德、妙觀、妙義、妙達等人。

第七代妙元和尚是在一九○四年接掌龍湖岩，俗姓黃，
據傳與日據時代總督府社寺課長藤田久次郎有交往❻。妙元
和尚於一九三二年十一月二十九日圓寂，世壽七十七，僧臘
五十六。弟子有頌協、頌安等人。

第八代頌協和尚，俗名賴樹，是妙元和尚的傳法弟子。
妙元和尚寂後隨即接掌住持,臺灣光復後對龍湖岩屢有增建，
住持三十二年，民國五十三年四月圓寂。妙元和尚座下的弟
子在日據時代算是有了較大的發展，頌安和尚 (?～1948) 於
日據大正十三年 (1924) 駐錫新營的興隆寺，弟子有微恭
(1913～1976) 及微頂 (1932～)。另一弟子頌塾 (1895～
1953?) 則於民國三十二年在臺南六甲創建龍潭寺❼。

第九代微雲和尚，民國五十三年接任方丈，翌年傳在家

---

❸ 同註❶。
❹ 《臺灣全臺寺院齋堂名蹟寶鑑》，徐壽，臺南：國清寫真館，
昭和七年 (1932) 十一月二十九日發行。
❺ 《臺灣佛教名蹟寶鑑》，施德昌，臺中：民德寫真館，昭和十
六年 (1941) 二月二十一日發行。
❻ 同註❶。
❼ 同註❷，頁 211。

菩薩戒一次，五十五年創辦赤山佛學院，五十九年圓寂，世壽六十。微雲寂後由弟子深福法師住持，但深福法師長年在菲律賓弘法，七十五年起改由深鏡法師接任，八十五年深鏡法師因故去職。

　　赤山派下的傳承至「深」字輩，最遠的寺院位在雲林水林鄉的法輪寺，由深性法師負責❶❽。除了前述的龍潭寺、興隆寺之外，臺南東山還有一座凌瑚禪寺，由深界法師住持❶❾。

　　綜觀赤山派的發展，主要是集中在臺南地區，其傳承是福建鼓山湧泉寺的臨濟法脈，而在修來禪師之前，其宗派的傳承尚未確立，或說在第四代之前的祖師（除一、二代外）並無師徒關係。在進入第六代梵山和尚時期，基本上是在日據初期，赤山派才開始以子孫廟的傳承而固定下來。赤山派在臺南的發展，因受同區的開元寺派，以及高雄大崗山派強勢的夾擊，發展顯得十分困難，但無論如何，同為臺灣佛教的一員，其歷史的傳承也有必要介紹才是。

---

❶❽　《臺灣佛寺導遊》㈦，闞正宗著，一九九四年十二月初版一刷，頁63。

❶❾　同註❷，頁207。

（二）赤山派重要法師小傳

【梵山】僧　1825～1904

　　梵山和尚，一八二五年生，一八九六年繼任龍湖岩住持。梵山和尚精通戒律、禪學，傳法弟子有妙元、妙音、妙慧、妙德、妙觀、妙義、妙達等。一九〇四年三月七日圓寂，世壽八十，僧臘六十四，有說其一九一二年三月往生。

【妙元】僧　1856～1932

　　妙元法師，俗姓黃，臺南月津人氏，自幼讀書為儒教化群生二十餘年，後棄儒就釋，精通法義。原臺南六甲赤山龍湖岩住持，一九三二年二月因腦溢血示寂於龍湖岩。

【頌安】僧　?～1948

　　頌安法師，早年出家於臺南六甲赤山龍湖岩妙元法師座下。一九二四年新營信徒沈祖等三人禮請頌安法師前來住持興隆寺。一九四八年十二月十八日圓寂。

【頌協】僧　1894～1955?

　　頌協法師，臺南人氏，一八九四年生，二十五歲時出家於臺南六甲赤山龍湖岩，出家前曾回大陸鼓山等名剎遊歷。一九三七年接前任住持妙元和尚之位而升任住持。

【頌堃】僧　1895～1953?

　　頌堃法師，臺南人氏，一八九五年生，早年出家於臺南六甲龍湖岩。一九四八年於臺南六甲創建龍潭寺，自任住持，一九五〇年退位。

【微淨】僧　1892～1960

　　赤山龍湖岩監院微淨師，雖中年後始覺世事無常，棄俗出家，但道心精專，曾替龍湖岩興建噴水池、涼亭、納骨堂、準提殿等，厥功至偉。師為募集基金，與頌協長老不辭辛勞，冒暑奔走，以致積勞成疾，於一九六〇年農曆十一月十三日不幸逝世。師逝世前二日即預知時至，虔誠念佛、拜佛，在阿彌陀佛聲中，安詳示寂。火化後發現舍利多顆，其中有一色白大如黃豆，聞訊前往瞻視者極眾，該寺信徒為報答師恩，製小銀塔，安奉舍利子於功德堂，永垂紀念云。

【微徹】尼　1901～1992

　　微徹尼師，一九〇一年生，俗名林絨，臺南山上鄉人氏，出身望族，且為佛教世家，雙親早故，十五歲持齋，十九歲皈依三寶，三十歲時禮新營興隆寺頌安老和尚祝髮出家。一九五〇年晉任六甲龍潭寺第二代住持，一九五七年於屏東東山寺受具足戒，一九九二年往生，世壽九十一，僧臘六十一，戒臘三十六。

【微雲】僧　1912～1970

　　微雲法師，為臺南赤山龍湖岩第十代住持，生於一九一二年，一九七〇年農曆十一月十九日申時圓寂，世壽五十九，僧臘三十，戒臘七，嗣法弟子深鏡、深福、深乙、深善等人。

微雲法師往生之日，深鏡、深福隨侍在側助念
佛號，同月二十六日於寺中舉行追悼大會。

【微恭】僧 1913～1976

　　微恭和尚，一九一三年生，臺南鹽水人，
父張秋元老先生為當地商界知名之士，母許氏
銀，為一虔誠佛教信徒，師幼年即隨母禮佛，
早具善根，成年後因長子關係，長隨父在外經
商，詎料身染大病，病劇臨危，恍惚見觀世音
菩薩，灌賜甘露水，解救病體，清醒後即起誓如痊癒當皈依
三寶，因此，念念不忘菩薩慈悲，對家中略作安排，終於三
十二歲時於興隆寺受披剃，至繼任住持，則全力發展寺宇，
以利光大佛法之宏揚，使興隆寺建興，其功極偉，一九七一
年冬與師弟微頂和尚同赴臺中慈善寺求受具足大戒。一九七
六年微恭和尚圓寂，享年六十三歲。

（三）赤山派下的寺院

　　一、法輪寺／雲林縣水林鄉水北村廟前路 101 號
　　二、龍湖岩／臺南市六甲區珊瑚路 198 巷 1 號
　　三、龍潭寺／臺南市六甲區珊瑚路 218 巷 4 號
　　四、凌瑚禪寺／臺南市東山區東河村 1-1 號
　　五、龍興禪寺／臺南市善化區益民寮 85 號
　　六、興隆寺／臺南市新營區東山路 80 號

六、高雄大崗山派

(一) 大崗山與沈光文

昔日曾有詩云：

> 大岡山畔小岡連，翠色蒼茫欲接天；
> 蒼蒼雲水望中深，聳拔岡山百尺峰。❶

大崗山海拔雖僅一千零三十二尺（約三百四十餘公尺）❷，但因位於海岸平原上，故自古以來就十分惹人注目，有志記曰：「內地舟來臺，過澎湖東，即見大崗山。」❸

大崗山由於地理位置的特殊，故又有諸多傳說，例如說社會有大事發生山會鳴動，山中產的薑可以治百病云云❹。當然這只是市井傳說，不過山中風景倒是十分秀麗，可以俯看崗山平原，確是修行隱居的好地方。

---

❶ 《南瀛佛教》第十六卷第十二號，頁 22 曾景來之〈臺灣佛教資料——大崗山と超峰寺〉。

❷ 同註❶。

❸ 同註❶。

❹ 同註❶，頁 22～23。

　　一般說大崗山有寺是在清雍正九年 (1731) 紹光禪師於此結茅為庵辦道為始❺，但事實上已有學者考證指出，大崗山有寺至少在明永曆十九年 (1665) 之後即有了，這個在大崗山所建的寺院叫「普陀幻住菴」，也就是後來的超峰寺❻，而建寺者正是開臺灣講學之風的文人沈光文。

　　沈光文 (1611～1688) 浙江鄞縣人氏，明崇禎九年 (1636) 以明經貢太學，明永曆五年 (1651) 乘船遇颶風漂流至臺灣北部，六年 (1652) 初抵赤嵌樓❼。永曆十五年 (1661) 鄭成功驅逐荷蘭人，知沈光文在臺大喜，以客禮見，令麾下致餼，且以田宅相贈。鄭成功死後，子鄭經繼位，對遺老稱孤道寡，沈光文不滿其所作所為，於永曆十七年 (1663) 作〈臺灣賦〉一篇，賦中有「鄭錦（即鄭經的乳名）僭王」之句寓諷。十九年 (1665) 沈光文因寓諷之賦受讒，幾罹不測，乃變服入山為僧，法號超光，作〈普陀幻住菴〉一詩❽：

　　　　磬聲飄出半林聞，中有茅菴隱白雲；
　　　　幾樹秋聲虛檻度，數竿清影碧窗分。
　　　　聞僧煮茗能留客，野鳥吟松獨遠群；
　　　　此日已收塵世隔，逃禪漫學誦經文。

---

❺　義敏上人報恩紀念會，頁 177 之〈大崗山本山及法脈開山祖師義敏、永定二位上人簡介〉。

❻　《竹溪禪寺沿革志》，盧嘉興著，頁 8～9 竹溪寺印之〈臺灣的第一座寺院——竹溪寺〉。

❼　同註❻，頁 15～17 之〈臺灣文獻的始祖沈光文〉。

❽　同註❻。

沈光文為逃避鄭經的加害，變服到所謂的羅漢門山中而作此詩，普陀幻住庵即今大崗山超峰寺。沈光文在山中結茅以居，潛心著述，迨鄭經反攻大陸，復遷居目加溜灣（今臺南善化），但仍未還俗，至終仍皂帽黃衣。

在曾景來所寫的〈大崗山と超峰寺〉中提到❾，超峰寺的第一代住持為釋紹光，第二代為端純，第三代為省輝，以下不明，直到永定法師接掌。而紹光是在一七三一年來山奉觀音結茅修持，爾後其所建的草庵則稱之為「超峰岩觀音亭」。清乾隆十四年(1749)，也有說乾隆二十八年，臺南知府蔣允焄（或說蔣元樞）來山巡遊，捐資興寺改「觀音亭」為「超峰寺」，但一般仍稱「崗山巖」❿。

這其中值得注意的是沈光文變服出家後法號是「超光」，而傳說超峰寺的第一代住僧是「紹光」，兩者之間是否有關，倒頗耐人尋味，儘管沈光文是死於一六八八年，而紹光據傳是在雍正九年(1731)才自海外掛錫此間，兩人相差四十三年。

以上是大崗山超峰寺的地理環境及有關的僧人，可以說大崗山在明鄭時期就可能有結茅奉佛的僧人了，而到了清乾隆十四年(1749)以後，由於有官員的募款協助，超峰寺這個名詞才正式被固定下來的，並逐漸發展成全山皆寺的局面。

---

❾ 同註❶，頁 24。

❿ 同註❶，頁 24。

(二) 義敏與永定的駐錫超峰寺

義敏法師 (1875～1947) 生於清光緒元年 (1875)，童年投禮臺南開元寺妙諦上人出家，俗名周春木，二十一歲 (1895) 於福建鼓山湧泉寺受戒❶，歸臺後，駐錫開元寺。明治四十一年 (1908) 與弟子永定法師離開臺南開元寺正式駐錫高雄阿蓮鄉的超峰寺，時間是三月十七日❷。由於義敏法師喜愛雲遊，又重建或興築嘉義清華山德源禪寺、彰化二水碧雲禪寺、嘉義彌陀禪寺、高雄白雲寺、龍泉寺與屏東映泉寺❸。一九四七年六月五日坐化於新超峰寺。義敏法師在日據時代昭和二年 (1927)，也就是駐錫大崗山的第二十年寫下了他的一首漢詩〈山居偶感〉抒懷❹：

> 古來隱拙志為真，萬念消忘絕世塵，
> 洞小月明風景好，心寬無礙樂如神。
> 峰高遠世絕繁華，日日山樓看翠霞，
> 野菜充饑堪足願，清閒無事勝侯家。

---

❶ 義敏上人報恩紀念會，〈義敏上人行化記〉，《慈恩拾穗──宏法寺開山二十週年紀念》，高雄宏法寺發行，民國六十五年十一月二十日版，頁 177。

❷ 同註❺，頁 177。

❸ 同註❷。

❹ 《南瀛佛教》第六卷第一號，昭和二年 (1927) 十二月二十日，頁 73。

從詩文看來，義敏法師似乎對大崗山的山居生活甚為滿意，其原因或許和超峰寺硬體建築的臻於完備有關。因為明治四十一年 (1908) 元月重修塔堂，大正元年 (1912) 十一月增築二樓高之兩廂，大正二至三年 (1913〜1914) 建造納骨堂三大塔❶，並在相隔十四年的昭和三年 (1928) 才大規模闢建超峰寺的周邊相關設施與三寶殿，永定法師預計在昭和十八年 (1943) 完成另一座臺灣佛教大叢林，至其過世前都未完工❶。而與義敏有關的寺院，在其協助之下至晚在大正十二年 (1923) 就已告一段落，這些寺院正如前述的嘉義德源禪寺 (1914)❶、彌陀禪寺 (1913)❶、彰化二水碧雲禪寺 (1917)❶、高雄龍泉寺 (1923)❷、屏東映泉寺 (1920)❷，除了高雄白雲寺是在民國二十九年也就是日據昭和十五年重建之外，在義敏法師直接或間接的幫助之下完成，復回到超峰寺隱居，並寫下〈山居偶感〉這首詩，而這一年（昭和二年）永定法師五十一歲。

永定法師 (1877〜1939) 俗名林蕃薯，原臺南廳西港堡塭

---

❶　同註❶，頁 24。

❶　同前註，頁 24。

❶　《臺灣佛寺導遊》㈦〈雲嘉地區專輯〉，菩提長青出版社，民國八十三年十二月版，頁 173 之〈德源禪寺〉。

❶　同註❶，頁 69 之〈彌陀禪寺〉。

❶　《臺灣佛寺導遊》㈥〈彰化縣市專輯〉，菩提長青出版社，民國八十四年八月版，頁 181 之〈碧雲禪寺〉。

❷　《臺灣佛教大觀》，張文進主編，民國四十六年九月十五日版，頁 190 之〈龍泉寺〉。

❷　同註❷，頁 149 之〈映泉寺〉。

仔內庄蚶寮（今臺南佳里蚶寮里）人氏，生於清光緒三年
(1877)，日據明治二十九年 (1896) 皈依龍華持齋 ❷，禮林料
先生為引證師。明治三十一年 (1898) 禮義敏法師為師，住開
元寺，歷監院兼住持之職。永定法師住進開元寺後逐漸嶄露
頭角，由於能力受肯定，在明治三十六年 (1903) 辭開元寺兼
住持時，他還曾任赤山龍湖岩住持、兼辦臺南市內水仙宮、
媽祖宮事務 ❷。

　　永定法師兼開元寺住持是在二十五歲那一年 ❷，也就是
明治三十四年，二年後會辭去開元寺住持之職，乃是因前任
住持榮芳和尚 (?～1882) 的弟子玄精法師 (1875～1921) 自鼓
山湧泉寺受戒歸來之故 ❷。永定雖辭住持仍留在開元寺中協
助玄精重修大雄寶殿 ❷，直到明治三十九年 (1906) 才正式駐
錫大崗山超峰寺 ❷。

　　有了以往在開元寺及其他寺院協助院務的經驗，永定法
師很快地開始建設超峰寺，直到一九三九年永定法師去世，
超峰寺的硬體設備仍未全部完成，三年後日軍因戰事之所需
而拆除超峰寺、龍湖庵、蓮峰寺，各寺僧尼下山合建道場「新

---

❷　《南瀛佛教》第九卷第九號，鄭卓雲之〈臺灣開元禪寺沙門列
　　傳〉，頁 20 之〈永定禪師略歷〉。

❷　《臺灣全臺寺院齋堂名蹟寶鑑》，臺南：國清寫真館，一九三
　　二年，頁 90 之〈林永定〉部分。

❷　同註❷。

❷　《南瀛佛教》第九卷第八號，頁 29～30 鄭卓雲之〈臺灣開元
　　禪寺沙門列傳〉之榮芳和尚及玄精上人。

❷　同註❷。

❷　同註❶，頁 24。

超峰寺」，臺灣光復後才由第二住持開照和尚率眾回山重
建❷。

　　昭和二至三年 (1927～1928) 是一個重要年代，因為日本
政府對對外交通不便的超峰寺提供了協助。超峰寺距岡山車
站東北約二里，昭和三年 (1928) 時曾鋪設至大崗山麓的輕便
鐵道❷，後來撤去，同年三月開始有巴士通車到寺前❸，這
些都方便了大崗山的對外交通，有利了超峰寺的迅速發展。
而在昭和二年 (1927) 十二月號的《南瀛佛教》月刊上發表的
三篇漢詩❸，其中一篇是永定法師的〈忙時偶感〉，與另二篇
祝壽詩，一篇是署名峰山錦江的〈祝永定大和尚五一之壽〉，
與林景嶽〈祝永定恩師五旬晉一壽誕〉。永定法師的〈忙時偶
感〉寫道：

　　　　而知天命日將斜，秋去冬來感歲華；
　　　　富貴自輕虛世界，榮名有限幻身家。
　　　　袈裟未著風塵體，芥蒂曾除草木芽；
　　　　妙用無窮心境薄，老來始喫趙州茶。

〈祝永定大和尚五一之壽〉寫道：

---

❷　《超峰寺傳承史》，大崗山超峰寺發行，民國八十年二月十日，
　　頁 7。

❷　同註❶。

❸　同註❶，頁 24。

❸　《南瀛佛教》月刊第六卷第一號，昭和二年十二月，頁 73。

僧職卅秋品行溫，銀臺燦熳耀禪門；
良辰此日堪佳話，花甲他年奏釋尊。

〈祝永定恩師五旬晉一壽誕〉其寫道：

卻疑馬祖是前身，壯志荷擔佛法因；
闢草成廬應列傳，造庵修寺幾嘗辛。
名山梵剎曾經歷，世道禪林倍閱頻；
雲水同參求妙訣，定知多士賀良辰。

從詩中的描述可以得知永定法師在昭和二至三年 (1927～1928) 的時候正值個人聲望的高峰，而品性溫良忠存的他 ❸，由於十餘年來駐錫超峰寺建寺忙碌，漢文造詣具一定水平，卻似乎僅留下這首漢詩，不見其他著述，殊為可惜。

昭和四年 (1929) 又開始忙於三寶殿的建設 ❸，工程期原預定於昭和十八年 (1943)，但永定法師卻在一九三九年去世，超峰寺的住持便由弟子開吉和尚繼承了 ❸，開吉和尚正是明治四十五年 (1912) 在大崗山創建蓮峰寺的人。

(三) 永定法師與龍湖庵

龍湖庵位於超峰寺下方，原為永定法師安置女眾所另闢

---

❸ 同註❷。
❸ 同註❶，頁 24。
❸ 《臺灣佛教名蹟寶鑑》，施德昌，昭和十六年二月，頁 93～94。

的道場，在〈大崗山龍湖庵沿革〉載曰❸❺：

> 民前一年，先代住持開會尼師，至超峰寺欲禮永定上
> 人（本庵開山祖師），並發心帶髮修行，然上人秉佛
> 制，知僧尼不可同住一寺，乃另擇今之現址，以竹片、
> 茅草結一廬，專供欲出家修行之尼眾淨修，其名曰龍
> 湖庵，蓋其地形有如龍隱碧湖之勢也。

這裡說「民前一年」為龍湖庵創建之年，顯然有誤，日
據時代曾景來之〈大崗山と超峰寺〉及《臺灣佛教名蹟寶鑑》
皆記載龍湖庵建於明治四十年 (1907) 到四十一年 (1908) 之
間，兩者相差三、四年。其中又以曾景來所述的年代又加月
份最可信。

龍湖庵創建於明治四十年 (1907) 十一月，開山為永定法
師，四十三年 (1910) 改建（發起人林神），大正十一年
(1922) 重修（發起人邱毓珍），昭和元年 (1926) 增建（發起
人洪瑞西），昭和三年 (1928) 再增建，當時約有八十名女眾
在此專修❸❻。

而〈大崗山龍湖庵沿革〉則說：

> 迨至民國十四年，於（永定）上人之領導淨修下，法
> 緣殊勝，尼眾群眾，已近百人之數，茅庵不敷居住。

---

❸❺　《大崗山龍湖庵護國千佛大戒同戒錄》之〈大崗山龍湖庵沿
　　　革〉，民國六十六年十一月，頁 3。

❸❻　同註❶，頁 25。

故先代住持開會尼師等十名職事發心率住眾於永定上人領導與十方善信護持下，翻茅屋竹壁為磚瓦大殿，並增建兩廂配房，與通天閣（大悲殿之前身）經十數年之辛苦方告落成。時住眾已有壹佰肆拾多名之數，皆為帶髮修行之尼眾，一律白上衣黑長褲，頭上打一髻，實為當時豎一良好風範。

在日據時代有諸多的本地僧侶及佛寺，在日式佛教的影響下男、女二眾混住，而永定法師為女眾另建專修道場，正是合佛制之舉。龍湖庵創建並不是為比丘尼，而是給帶髮修行的「齋姑」（菜姑）所用，正如前述，而且是帶有齋教龍華派的色彩，例如當年的龍湖庵的門聯或可證實❸❼：

龍華遠繁華緣葉芳林堪靜修
湖水通德水蓮池海會悟清修

而從開會尼師的遺照中仍可看到她終其一生並未落髮❸❽，這和齋教的女眾修行人是一致的。而在明治四十三年(1910)修建的認可是以齋堂的形式❸❾，這都可說明龍湖庵齋教的色彩相當濃厚。

〈大崗山龍湖庵沿革〉又說：

---

❸❼ 同註❶，頁25。
❸❽ 同註❸❺，頁17。
❸❾ 同註❶，頁26。

……然永定上人尚感有美中不足之事，即在臺之名山
大寺，因受日本統治之餘毒，而無叢林規矩。故特於
民國十八年，恭請福建高僧會泉老和尚蒞山教導叢林
規矩。並於同年啟建水陸道場及在家菩薩戒會，高樹
法法幢……。**④**

　　會泉法師 (1874～1943) 受永定法師之請來臺為龍湖庵
及超峰寺的住眾開示叢林規則，民國十八年那一年正是超峰
寺寺前公路通車後增建三寶殿之際，而龍湖庵則是增築後的
第一年。由於兩寺修行人愈來愈多，例如龍湖庵在昭和三年
(1928) 已有八十位女眾，已具備叢林的架勢。不過正如前述
龍湖庵的女眾大部分為帶髮修行者，依照中國佛教的傳統只
能被視為在家人，故傳授在家菩薩戒也應根源於此。這也就
是大崗山法脈派下系統在日據時代從未傳授任何出家戒會，
和其他三大法派明顯不同之處。
　　民國四十二年由永定法師的弟子開參 (1893～1975) 爭
取到在其住持的白河大仙寺舉行國府遷臺後的首次三壇大
戒，那一次戒場上，大崗山派義敏、永定的法子，比丘在三
十九人的行列中有十二名，比丘尼在一百三十二人的行列中
共有七十七位受戒，其中還不含二位沙彌戒與一位沙彌尼
戒**④**。大崗山派爾後在民國五十一年，以紀念永定法師圓寂
二十週年於超峰寺再傳大戒，之後則是民國六十五年底的龍

④　同註**⑤**。
④　《臺南縣大仙寺冬期傳戒同戒錄》，火山大仙禪寺出版，民國
　　四十二年五月。

湖庵傳戒。基本上這三次傳戒稍彌補了義敏、永定住持期間不曾傳授出家戒的遺憾。

（四）結 論

大崗山派雖說和其他三大法脈一樣，在臺灣光復後就逐漸衰微，但事實上，他們只是從檯面上走向檯面下，在地方性及區域性上仍然有不可忽視的民間影響力。

為了團結大崗山各分派寺院，高雄宏法寺住持開證法師在民國五十六年八、九月間和永忠、開照、心覺，拜訪大崗山派下法眷，發起組織「大崗山本山法脈聯誼會」，由心覺法師起草❷，同年十月一日召開第一次籌備會於超峰寺，但因開照法師對大崗山本山會址設在超峰寺，以及辦事處應設於超峰寺持異議,而使這個大崗山法派專屬的聯誼會無疾而終。但也因此促成了「高雄佛教住持聯誼會」的誕生❸。

現在的超峰寺是一座香火十分鼎盛的道場，前殿供奉觀音菩薩，但民間信仰色彩濃厚，後殿在民國七十八年由法智法師 (1933～2003) 拆除重建，翌年年底落成。為了要與前殿的民俗信仰有所分別，後殿是嚴禁所謂神轎前來「割香」或作其他不符佛教儀軌的儀式。至於在戰前由原舊超峰寺、龍湖庵、蓮峰寺於山下所建的「新超峰寺」，雖然是舊超峰寺拆下的原建材運下山重建（略有縮減），且供奉據說是蔣公子

---

❷ 《慈恩拾穗——宏法寺開山二十週年紀念》，民國六十五年十一月發行，頁 173。

❸ 同註❷。

（蔣允焄）奉獻的觀世音菩薩，已有三百年的歷史，由永定法師徒孫能學法師住持，但香火平平，無法和舊超峰寺相比。

總之，大崗山派下的寺院及法師，雖然在戰後似已沈寂，特別是在民國三十八年以後由大陸來臺僧人所取代，但這是臺灣佛教其他法派共同的現象，正如前述，他們只是從檯面上轉到檯面下，其民間的影響力仍在，這是可以肯定的。

(五) 大崗山派重要法師小傳

【義敏】僧　1875～1947

義敏和尚，俗名周春木，一八七五年生，童年投臺南開元寺依妙諦上人出家，二十一歲 (1896) 於福建鼓山湧泉寺受戒。戒畢歸臺，仍居開元寺弘法有年。一九〇八年離開開元寺，與弟子永定卓錫高雄阿蓮大崗山超峰寺。和尚性喜雲遊，曾於高屏、彰嘉開創、中興諸道場，一九四七年六月五日坐化於新超峰寺，世壽七十三。

【義存】僧　1884～1947

義存法師，一八八四年生，一八九一年至一九〇九年學習漢學，俗姓吳。一九〇三年任職於明治製糖會社，一九一六年禮釋妙嚴法師出家，一九一八年於高雄阿蓮大崗山超峰寺研習佛法，一九一九年於臺南鹽水設立臨濟宗佈教所（今修德禪寺），並擔任臺北鎮南學林學務委員，一九二一年回大陸內地朝禮四大名山，一九二二年東渡日本遊歷後歸臺，一九二三年受表揚為日本臨濟宗佈教監督之模範僧侶，

一九二五年五月被任命為日本臨濟宗臺灣開教使，後中興嘉義法華山（今清華山）德源禪寺，及任臨濟宗宗務委員、臺南州本部長，獲頒鹽水街自勵會社會教化功勞獎，一九二七年中興嘉義大林昭慶禪寺，並獲日本臨濟宗妙心寺頒贈錦爛袈裟念珠獎，一九三二年被任命為佛教慈愛評議員，一九三四年受本山妙心寺管長表彰佈教功勞獎，一九三九年再任日本臨濟宗宗教委員。一九四七年圓寂，世壽六十四，僧臘三十一。

【永定】僧　1877～1939

永定法師，俗姓林名蕃薯，一八七七年生，二十歲持齋，二十二歲拜義敏法師為師，後任赤山龍湖巖住持，二十五歲時至臺南開元寺任住持，並兼辦臺南市內水仙宮、媽祖宮事。三十三歲來高雄阿蓮超峰寺，並增築龍湖庵，初以茅結庵以安女眾，後再建通天閣、齋堂及女客所，購淨山館營造三大寶塔、三寶殿，大振宗風，其派下法脈綿延，故有「大崗山派」之稱。一九三九年六月八日圓寂於大崗山超峰寺。

【永仁】僧　1894～1956

永仁法師，俗名鄭番，臺南人氏，生於一八九四年，其子因謀生於大陸而亡，其夫人思念過度病逝，師因感悟人生無常乃禮義敏法師出家，法號永仁，由於為人正直，故有人亦稱「愚番師」。一九五四年於獅頭山元光寺依道源法師求受三壇大戒，後駐錫於高雄義永寺，一九五六年二月五日齋戒沐浴預知時至坐化往生。世壽六十三，戒臘三。

【永傑】僧　1897～?

永傑法師，俗名陳陽，臺南人氏，十六歲出家於嘉義清華山德源禪寺，二十一歲至臺南法華寺、基隆月眉山靈泉寺參學。

一九二一年初永傑法師為求佛教大乘妙理，渡洋赴大陸朝禮四大名山，至一九二七年之六年間遊歷各名勝古蹟並參究各山。歸臺是時適日本佛教在臺興盛之期，提倡出家者還俗結婚，永傑視此甚為憤慨，立志自建一寺宣揚中國佛教，決意出家奉佛度眾，遂於一九二九年底擇地嘉義市北郊地名臺斗坑，興工建寺，至一九三〇年初完竣題名為法源寺。時有祖國觀念之佛教徒紛紛投此，未久本寺信眾數達千餘，皈依三寶者亦超百位之多，其後推行經讚發展法務，造成其時沙門法事傳遍南部一帶。

今法源寺似已廢去，永傑法師除任法源寺住持之外，另又住持嘉義萬壽佛堂、孚佑宮、新興宮。

【永錫】僧　1898～1973?

永錫法師，臺南人氏，一八九八年生，日據時代畢業於臺南學甲公學校，以及臺南開元寺佛教講習結業，曾任竹崎德源禪寺、鹽水修德禪寺，以及學甲法源寺住持。

【永力】僧　1900～1965

永力法師，高雄人氏，一九〇〇年生，早年於高雄茄萣鄉白雲寺禮義敏和尚出家。義敏老和尚圓寂後接任第二代住持。白雲寺原名白雲堂，初建於一九四〇年，一九四七年重建大殿改名為白雲寺。永力法師一九六五年圓寂。

【永全】僧　1901～?

永全法師，嘉義縣人氏，一九〇一年生，一九四七年於嘉義鹿草鄉創建義德堂，並於堂中組織念佛會，一九五三年於臺南大仙寺受具足戒。

【永觀】僧　1903～1960?

永觀法師，高雄人氏，一九〇三年生，於臺南鹽水修德禪寺出家，後曾任嘉義朴子高明寺講師，一九五三年應北港信徒之邀前來彌陀寺講經說法，後正式晉任該寺住持，並於寺中組織念佛會。

【東振】僧　1906～?

東振法師，高雄人氏，一九〇六年生，早年出家於高雄大崗山超峰寺，一九五二年十月間受聘至基隆紫竹岩任住持，一九五四年東振法師復在紫竹岩附近另建道場而辭任住持。

【永繁】僧　1913～1976

永繁法師，高雄人氏，一九一三年生，早年出家於大崗山超峰寺。一九四六年因鑑於高雄左營地區未有佛寺而創建元慶寺。永繁法師於臺灣光復後曾任中佛會高雄市支會理事，一九七六年往生，世壽六十四。

【開昌】僧　1886～?

開昌法師，一八八六年生，俗姓謝，早年於大崗山超峰寺皈依，三十七歲時於屏東萬巒映泉寺出家，一九三七年接掌映泉寺第三代住持。映泉寺創建於民國九年，由超峰寺開成、開昌二師前來創建，第一代住持為開專和尚，一九二六年往生，第二代開成尼師，一九三七年往生。

【開照】僧　1888～1972

開照法師，屏東縣人氏，俗名林丁福，十六歲時於臺南開元寺禮永定法師出家，曾往鼓山參學，於浙江天童寺受戒後留錫二年，入閩南佛學院三年。

一九三五年十二月接任高雄大崗山超峰寺第四任住持，一九四八年率眾回山重建，曾任高雄縣佛教支會理事。

【開參】僧　1893～1975

開參法師，俗姓吳，單名石，高雄阿蓮崙子頂人，一八九三年十月十日生於大崗山巖下，故取名「石」。幼時家貧，父母移居舊超峰寺附近以拾柴、燒炭為業。師八歲時由開照上人引進禮永定法師剃度，法號開參，字惟學。及長每日辛苦工作，朝暮禮佛誦經，年十九閉關於寺北三合洞閱經，二十二歲至福建省福國寺受具足戒，數月後返臺仍住洞中。

對日抗戰開始，日人遷超峰寺及龍湖庵於茄萣腳，名曰新超峰寺。臺灣光復後師任新寺住持。五十一歲師受大仙寺當家施烏抛居士聘為該寺住持，致力復興大仙寺舊貌。一九六一年開照法師閉關請師回山兼任舊超峰寺住持，一九六二年於舊寺開傳大戒，一九六九年組財團法人。一九七五年三月十五日領弟子三十人環島行腳，同月二十七日於高雄六龜因車禍身亡。

開參法師傳承臨濟正宗派下，世壽八十三，戒臘六十

一夏。

【開如】僧　1893～1961?

開如法師，屏東縣人氏，俗姓鍾，一八九三年生，一九
二一年於屏東佳冬創建超聖寺，一九二六年完成，一九五二
年再建寶塔一座，一九六一年心化尼師重建超聖寺。

【開亨】尼　1895～1985?

開亨尼師，一八九五年生，臺北市人，俗名邱儼，國校
畢業後於臺南彌陀寺出家，後受戒於臺南火山碧雲寺，一九
五三年七月受信徒敦請前來臺南市龍山寺住持，約一九八五
年前後往生。

【開聖】僧　1902～1980

開聖法師，俗名郭馬，澎湖白沙鄉中屯村
人氏，一九〇二年生。世代務農，十七歲渡海
至高雄學習土木工程，知命之年養病於高雄元
亨寺，初識永達法師。一九五〇年禮永達法師
皈依，一九六五年創建千光寺於高雄壽山，一
九六七年於永達法師遺像前落髮出家，一九七〇年於寺中傳
在家二眾戒會。一九八〇年三月三十日圓寂，世壽七十九，
僧臘十四。

【開茂】僧　1903～?

開茂法師，一九〇三年生，嘉義縣人氏，曾任嘉義清華
山德源禪寺知客，嘉義彌陀寺教師，一九四六年三月至高雄
市鹽埕區接任福亨寺住持。福亨寺原創於一九二七年，日據
時代為財團法人淨土宗佈團高雄佈教所。

開茂法師光復後曾任佛教會高雄市支會理事。

【開善】僧　1905～1972?

　　開善法師，嘉義縣人氏，一九〇五年生，出家於嘉義清華山德源禪寺，一九三〇年住持民雄寧福禪寺（今觀音寺），光復後一九五三年於臺南大仙寺受具足戒。

【開獻】尼　1912～?

　　開獻尼師，臺南人氏，一九一二年生，早年出家於大崗山龍湖庵，後往屏東里港住持慎修堂。慎修堂原建於一八七四年，一九三一年重建，日據時代屬於臨濟宗佈教所。一九五五年重修大殿，一九五八年落成並更名為「慎修禪寺」。

【開耀】僧　1919～1978

　　開耀法師，俗名陳金生，一九一九年生於嘉義朴子，二十歲時於高雄左營元慶寺皈依永繁法師。五十歲時剃度出家，翌年受具足戒於臺北臨濟寺。一九六四年於現址創建金山禪寺，奉請開盈法師為首任住持，並自任監院。開盈法師寂後，於一九七〇年請永繁法師為第二任住持，一九七六年永繁法師圓寂，開耀法師繼任住持，一九七八年圓寂。

【德照】尼　1920～1984

　　德照禪師，俗姓張名麗枝，一九二〇年六月二十九日生於臺中市，尊君張貢託先生，尊堂張陳桂花女士，世代業商。師於十四歲國小畢業後於十六歲入佛門，投拜高雄龍泉寺隆道上人，為三皈本師學習梵唄，二十歲削髮出家，法名惟宗，號德照，二十一歲負笈東瀛愛知縣宗榮尼眾學林高中，親近林長余語宜陽，五年學程畢業後轉至京都圓光尼僧堂親近祖禎、祖教二位師家習禪，直至臺灣光復後始歸故里，師初往

住持臺中市善光寺，後復於臺中縣烏日大肚腳創建善光寺。歷任臺中佛教會理事、常務理事，一九六三年心懷大志，再度負笈東瀛於京都花園大學深造，榮獲文學士學位，畢業後返臺創辦善光雜誌社及禪學研究院。

師自幼聰慧，奉親至孝，極能耐苦，為法不惜犧牲，擅長詩詞、書法、插花及禪學，其度世憨人之寬宏大量，以及脫俗的談吐，為世所稱道，其言論常發表於《善光》季刊，受惠者不計其數。一九八四年七月十九日往生，世壽六十五，僧臘四十五，戒臘四十。

【惟覺】僧　1922～1997

惟覺法師，字開通，別號獨峰，臺灣澎湖人氏，俗姓黃，一九二二年農曆正月十二日生，幼居嘉義，常隨父至清華山參拜，以是因緣，一九三五年依永錫和尚出家，同年往臺北臨濟禪寺專門學院求學，一九三八年畢業後至

日本京都禪門高等學院留學，笈入岐阜市正眼禪堂及東京市平林禪堂參學，前後凡十年。一九四八年返臺，駐錫臺南學甲法源寺，翌年回嘉義清華山德源禪寺。一九五六年在屏東東山寺受戒。一九七五年創辦德源禪學院，次年當選嘉義縣佛教會理事長，前後連任十二年。一九七九年於香光寺得白聖戒光和尚授予「臨濟正宗七塔法脈正法眼藏」衣缽信物，為臨濟宗第四十二世法嗣傳人。一九九七年二月九日圓寂，世壽七十六，僧臘六十二秋，戒臘四十四夏。

【開勤】尼　1931～1983

開勤尼師，俗名周金葉，雲林縣人氏，一九三一年生，

二十八歲時禮開通老和尚祝髮出家。一九七三年繼任臺南鹽水修德禪寺第四代住持，同年十一月於寺後興建火葬場一座，一九七六年八月遷建修德禪寺於現址，一九八三年圓寂。

【開天】僧　1937～1990

　　開天法師，臺南人氏，一九三七年生，早年禮永德老和尚出家，一九七二年於臺南市南區創建靜隱禪寺，一九七六年三月擴建大殿，一九九○年往生，享年五十四歲。

【開明】僧　1937～1999

　　開明法師，字惟亮，俗名鄭上山，一九三七年四月二十一日生於屏東縣水底寮，年方二十四，了悟世事無常，依高雄龍泉寺隆道法師出家，一九六三年於臺北臨濟寺受具足戒。一九八七年春隆道法師圓寂，開明法師繼任龍泉寺及靜修寺住持，一九八九年重建龍泉寺。歷任中佛會理事及高雄市佛教會常務理事多屆，一九九九年三月二十二日圓寂，世壽六十三，僧臘三十九，戒臘三十七。四月二十日荼毗於大崗山超峰寺化身洞，遺骨安奉於龍泉寺慈壽塔。

【心耀】僧　?～1958

　　心耀法師，光復後駐錫「警悟堂」（日據時代原名警悟堂佈教所，建於一九一六年），後改名警悟禪寺。心耀法師於一九五八年十月三十一日往生，後迎歸大崗山超峰寺荼毗，舍利存於警悟禪寺。警悟禪寺日據時代為日僧東

海宜誠所建，屬臨濟宗派下。

【心覺】僧　1899～1969

　　心覺法師，俗名梁加升，一八九九年生，
早稻田大學經濟科肄業，俗家時曾任廣東南大
貿易公司總經理、旅粵臺灣同鄉會理事長、中
國國民黨臺南市黨部執行委員、中佛會臺省分
會理事等職。臺灣光復後出家，於臺中寶覺寺
受戒。一九五七年駐錫高雄大崗山超峰寺。一九六〇年於臺
南永康鄉創建妙心寺，一九五八年十一月大殿落成開光，開
照和尚授師衣缽及印信，為臨濟正宗法脈。一九六九年正月
圓寂，世壽七十一。

【心正】僧　1906～1979

　　心正法師，屏東縣人氏，一九〇六年生，
十五歲出家於大崗山超峰寺，後常駐臺南法華
寺及竹溪寺。臺灣光復後一九四七年由大崗山
來高雄縣旗山鎮駐錫竹峰寺，竹峰寺原建於一
八九〇年，之前皆由在家人負責。一九五九年
與弟子圓明、圓賢兩位尼師於高雄三民區創建隆峰寺，一九
七九年心正法師圓寂，世壽七十四。

【隆道】僧　1906～1987

　　隆道法師，臺中人氏，早年皈依大崗山派
下，法號永隆，二十三歲師承日僧東海宜誠，
二十八歲披剃於寶善寺，三十四歲就任高雄龍
泉監院，三十九歲臺灣光復，晉任龍泉寺住
持。在位期間促進中日佛教交流不遺餘力，曾

當選中國佛教會臺灣省分會之理事長、高雄市佛教支會理事長，以及中佛會常務理事，一九八七年元月十五日圓寂，世壽八十二，僧臘五十。

【心固】尼　1906～1994

心固尼師，一九〇六年十月二十日生，高雄市人，俗姓簡，一九六二年於高雄鳥松鄉創建澄清寺，一九六三年出家，並受具足戒於臺北臨濟寺。一九九四年七月二十二日圓寂於美國加州洛杉磯澄清分寺，世壽八十九，僧臘三十夏，塔奉高雄鳥松澄清寺紀念堂。

【心慈】僧　1907～1986

心慈法師，嘉義人氏，一九〇七年生。早年出家於高雄阿蓮鄉超峰寺，一九三三年至高雄縣路竹鄉道隆寺，一九五〇年接任道隆寺住持，一九八六年往生，世壽八十歲。

【心能】尼　1914～1988

心能尼師，俗名陳變，一九一四年出生於臺南佳里。一九四二年任高雄元亨寺代理住持事務，一九四九年駐錫鳳山龍山寺，同年至白河大仙寺親近開參老和尚為師，翌年受聘為鳳山龍山寺住持，一九五二年於大仙寺受優婆夷戒，一九五三年圓頂，由開慧老和尚為開參老和尚代刀剃度。一九五六年至高雄仁武通法寺，與善嚴和尚建設道場任開山監院，一九六二年往大崗山超峰寺受具足戒。一九八八年二月十九日安詳示寂，享年七十五歲，戒臘二十六。

【圓融】尼　1906～1969

　　圓融尼師，素有「尼姑王」之稱，在臺灣光復後的傳戒上素有功績。一九四九年應聘接任屏東東山寺住持，一九六三年創辦東山（尼眾）佛學院，由道源法師任首屆院長，生前歷次當選屏東佛教支會理事長，一九六九年四月八日因血癌病逝，世壽六十四。

【天乙】尼　1924～1980

　　天乙尼師，俗名洪金珠，高雄人，出生佛教家庭，幼時信佛篤誠，長成留學日本，二十四歲學成歸國，二十五歲看破世情，立志出家，投拜圓融尼師，為取法名天乙，二十八歲於臺南大仙寺乞受具足大戒，之後親近慈航、斌宗等法師，復研習禪、教、律、淨諸宗。並參加傳戒法會二十餘次，因戒相莊嚴，均被聘為尼眾戒師，曾兩次在戒壇擔任尼戒和尚，為近代佛教史上之創舉。且住持寺苑數間，領眾修持，講經弘律，精勤不懈，為眾欽仰。

　　尼師出生於一九二四年十一月十六日，圓寂於一九八〇年正月二十八日（下午二時半），世壽五十有七，僧臘三十三春，戒臘十八秋。

【傳孝】僧　1950～2011　　　再版增列

　　傳孝法師，籍貫屏東縣內埔鄉，俗姓鄭。十七歲皈依開證法師，二十三歲於高雄宏法寺剃度出家。一九七三年受具足戒，同年進入佛光山叢林學院就讀。

　　一九七七年接任佳冬慈恩寺，之後陸續出任新埤準提寺、竹田德修禪寺、西螺報恩寺、臺東普陀山觀音禪寺等住持。

二〇〇一年，開證法師圓寂後，住持高雄宏法寺。二〇一一年五月十日示寂，世壽六十二，僧臘三十九載，戒臘三十八夏。

【傳道】僧　1952～2014　　再版增列

　　傳道法師，一九五二年生臺南白河，俗名朱清溫。青年時期即親近開證、懺雲二師。一九五九年皈依佛教，一九六〇年十月，結業於高雄宏法寺所主辦的「高雄佛學研究班」。一九六二年底應召入伍，服役期間因車禍等意外而體悟無常之真諦。退伍後於一九六四年三月依開證披剃，一九六六年受具足戒。此後數年，入佛學院研究佛學。先後畢業於戒光佛學院與白聖所創之中國佛教研究院。法師畢業後即開始其弘法事業。一九七三年接掌妙心寺寺務，未幾接任妙心寺第四任住持。

　　一九七五年開辦「妙心幼稚園」；一九八〇年成立「臺南佛教慈恩婦女會」；一九八四年與開證上人等籌設「財團法人中華佛教百科文獻基金會」，極力推動出版《中華佛教百科全書》及《印順・呂澂佛學辭典》等專書；一九九九年妙心文教大樓建好，便創立「人間佛教研修院」，研習印順法師思想，承挑「人間佛教」的弘傳大業。

　　著有《佛法十講》，並編印《朱玖瑩書法選集》、《心經・信心銘合訂本》，出版《人間佛教播種者——印順導師》、《朱玖瑩書法天地》等錄影帶。

　　二〇一四年十二月三十日，安詳捨報，世壽七十四，僧臘五十夏，戒臘四十八秋。

（六）大崗山派下的寺院

一、善光寺／臺中市烏日區中山路三段登寺巷 176 號

二、玉佛寺／南投縣埔里鎮觀音路 87 號

三、白雲寺／彰化市龍涎北路 292 號

四、慈光寺／雲林縣古坑鄉永光村大湖口路 1–1 號

五、昭慶寺／嘉義縣大林鎮中正路 41 號

六、觀音禪寺／嘉義縣民雄鄉寮頂村下寮庄 67 號

七、德源禪寺／嘉義縣竹崎鄉義仁村下寮仔 41 號

八、彌陀禪寺／嘉義市彌陀路 1 號

九、修德禪寺／臺南市鹽水區治水路 47 號

十、妙心寺／臺南市永康區勝利街 11 巷 11 號

十一、法源寺／臺南市學甲區新生路 28 號

十二、龍山寺／臺南市東門路二段 134 巷 27 號

十三、彌陀寺／臺南市東門路一段 133 號

十四、大仙寺／臺南市白河區仙草里岩前路 1 號

十五、妙法禪寺／臺南市新營區復興路 161 巷 42 號

十六、超峰寺／高雄市阿蓮區崗山村 5 號

十七、新超峰寺／高雄市阿蓮區崗山村 95 號

十八、白雲寺／高雄市茄萣區白砂路 130 號

十九、澄清寺／高雄市鳥松區文前路 134 號

二十、道隆寺／高雄市路竹區甲南村一甲路 70 號

二十一、元慶寺／高雄市左營區左營大路 587 號

二十二、千光寺／高雄市鼓山區千光路 80 號

二十三、隆峰寺／高雄市三民區民族一路 333-2 號

二十四、義永寺／高雄市三民區義永路 1 號

二十五、龍泉禪寺／高雄市鼓山區鼓山三路 51 巷 59 號

二十六、金山禪寺／高雄市三民區鼎金一巷 16 號

二十七、興隆淨寺／高雄市左營區新下街 7 巷 4 號

二十八、蓮峰寺／高雄市阿蓮區崗山村 9 號

二十九、龍湖庵／高雄市阿蓮區復安村復安路 215 號

三十、清照寺／高雄市燕巢區深水村深興路 2 號

三十一、崑明寺／高雄市大樹區姑山路 111 號

三十二、宏法寺／高雄市新興區仁愛一街 302 號

三十三、日月禪寺／高雄市田寮區崇德村月球路 36 號

三十四、海明寺／高雄市彌陀區文安路寺巷 15 號

三十五、東山寺／屏東市勝利里修德巷 6 號

三十六、超聖寺／屏東縣佳冬鄉大同路 50 號

三十七、映泉寺／屏東縣萬巒鄉東興路 33 號

三十八、青龍寺／屏東縣車城鄉溫泉村內埔 40-1 號

三十九、慎修禪寺／屏東縣里港鄉仁和路南巷 6 號

四十、慈恩寺／屏東縣佳冬鄉佳和路 78 號

四十一、準提寺／屏東縣新埤鄉打鐵村東興路 144 號

四十二、德修禪寺／屏東縣竹田鄉美崙村中崙路 12 號

四十三、玉林禪寺／屏東縣萬丹鄉水泉路 72-1 號

七、其他法派

(一) 前　言

　　本篇章主要收錄的是臺灣佛教「四大法派」之外，以及皈依、傳承資料不全的臺籍僧侶，時間上仍是以一九四九年之後為分斷。

　　在前述的基隆月眉山派、五股觀音山派、大湖法雲寺派、臺南開元寺派、六甲赤山派、高雄大崗山派之外，隱約成派的還有宜蘭礁溪福崇寺的萬全和尚系統，以及獅頭山金剛寺妙禪法師系統。

　　萬全和尚的傳承並不是很清楚，在臺灣佛教史上也幾乎不為人知，似乎萬全和尚是直接傳續福建曹洞宗系統，苗栗法雲寺開山覺力和尚同屬一脈，而他的活動範圍一直沒有溢出宜蘭地區。萬全和尚在一九二七年於礁溪創建福崇寺，有二位皈依弟子覺智尼師與覺意尼師，之後分別住持福崇與礁溪圓明寺，並持續繁衍法脈，在宜蘭地區具有某種程度的影響力。

　　另外，在臺灣佛教界具有一定影響力的還有妙禪法師的系統，妙禪法師中年出家於福建興化后果寺良達上人座下，其同輩師兄弟還有耀禪、明禪，著名的弟子有無上、玄宗、

斌宗、榮宗、進宗，其中後三位為妙禪法師的弟子。妙禪法師的出家弟子中以斌宗法師及玠宗法師最有名，而斌宗法師的傳法弟子中又以覺心、印心（慧嶽）、淨心三位法師最有名，其中覺心法師已圓寂，慧嶽法師主持臺北天台止觀實踐講堂，而淨心法師則自一九九三年接任中國佛教會理事長。

　　妙禪法師與同門法兄弟，以及傳法弟子在全省創建的道場計有：獅頭山金剛寺、新竹北埔金剛寺、桃園金剛寺、臺中寶覺寺、臺北佛教蓮社、高雄光德寺、臺中中天寺、新竹法源寺、石碇法濟寺、臺北止觀實踐講堂等。

　　目前妙禪法師系統，屬徒孫輩的慧嶽及淨心，在臺灣佛教界仍具影響力，其中慧嶽法師是以研究、修習天台止觀而聞名教界，而淨心法師雖接法白聖法師，但其原為斌宗法師剃度弟子，曾為中國佛教會理事長，他們兩人也都有留學日本習佛的背景。

　　值得一提的是，本篇章所收錄的僧侶，可能有部分分屬於「四大法派」，但由於資料的限制而無法判明，故統一將之收錄於此。

　　臺灣佛教歷史雖不長久，但由於資料散失的嚴重，以至於造成研究者的極大困難，而雖然臺籍僧侶以福建鼓山湧泉寺為主要傳承來源，但是並不代表師承相同，其中還有少林的法派。總之，要釐清臺灣佛教各派系之間的同與不同，是需要抽絲剝繭，而且工程也鐵定浩大，亟盼有心人來共同耕耘。

(二) 其他法派重要法師小傳

【法悟】 僧　?〜1914

　　法悟法師，原中國大陸南海普陀之僧侶，約在西元二十世紀初年來臺駐錫於獅頭山水濂洞。法師為整肅梵宇，參悟梵修，經十餘春秋，於一九一四年冬集眾說法，居然座上跏趺，即入涅槃。

　　獅頭山水濂洞乃新竹十二勝景之一，於前清開基洞府。

【源淨】 僧　?〜1921

　　一八九四年源淨上人由大溪雲遊至獅頭山，見岩谷幽雅為修行學佛聖地，乃依岩修建取名「獅岩洞」（即今之元光寺），一九二一年源淨上人圓寂。

【萬全】 僧　?〜1931

　　萬全和尚，一九二七年於宜蘭礁溪鄉德陽村創建「福崇寺」，初僅茅屋三間，一九三一年建成。不久萬全和尚圓寂，由弟子覺智尼師晉任，一九三三年重建「福崇寺」，一九六三年再重建。

【慧光】 僧　?〜1934

　　慧光法師，俗名張金掌，桃園楊梅人氏，一九一七年春依日僧東海宜誠出家，一九二〇年三月禮請臨濟宗在臺管長梅山玄秀於楊梅高山頂設立佈教所。一九二八年獲准改建為妙善寺，慧光法師任第一代住持，一九三四年二月圓寂。

【應中】僧　？～1935

　　應中法師，俗名魏阿樹，業務農商，年五十一歲因感悟世事無常遂出家，先駐新竹清泉寺，兩年後轉錫一同堂（今一同寺），一九三五年往生。

【照圓】僧　1872～1933

　　照圓法師，俗名楊庭，一八七二年生，臺北市人，二十五歲時往福建鼓山湧泉寺出家。一九三一年十一月回臺寄住其姪之宅，後至虎尾龍虎堂寄遊四個月，回臺北之後住萬華龍山寺，一九三三年二月二十二日下午於龍山寺中飲醋酸自殺，享年六十二歲。

【善福】僧　1876～1971

　　善福法師，生於一八七六年，早年禮臺北東和禪寺住持心源法師(1881～1970)出家，後至臺北北投開創中和禪寺，與普鑾尼師(1883～1971)共同經營。一九五五年於基隆月眉山靈泉寺受具足戒，一九七一年師九十五歲圓寂，戒臘十六。

【心源】僧　1881～1970

　　心源和尚，俗姓孫名保成，一八八一年十月生，籍隸新北永和，世代務農，師自幼善具慧根，二十八歲定住於曹洞宗佈教所萬華保安堂，專心研讀佛學、漢文三載，一九〇九年皈依大石禪師得度，翌年二月即到國內，遍遊廈門南普陀寺、鼓山湧泉寺、寧波育王寺、天童寺、普陀山普濟寺、法雨寺、佛頂山等各地名山、古剎參學訪道，返國後

即著手於一九一四年啟建觀音禪堂，並於一九一七年四月與大石禪師發起創設臺灣佛教中學林（今泰北中學），為莘莘學子們能有進一步認學之機會，一九一八年再度周遊國內各地名山，一九二四年參訪日本曹洞宗兩大本山及其他各地名剎，一九三〇年發起創建北投中和寺及靈光塔，一九三三年任南瀛佛教會理事，一九四〇年四月再度觀察日本各地佛教，光復後曾任中國佛教會理事、臺北市佛教支會理事長、泰北中學董事、《臺灣佛教》月刊發行人、東和禪寺住持、北投靈光塔住持，一九五五年十月創辦東和托兒所及幼稚園。

一九七〇年三月三日心源法師以九十高齡圓寂，僧臘六十四，任臺北市佛教支會理事長長達二十餘年。

【智性】僧　1884～1964

智性法師，臺北市人，俗姓葉，一八八四年生。十一歲時初入大橋頭龍雲寺，為親近佛門之始。十九歲赴福建鼓山湧泉寺依振光和尚出家，翌年 (1904) 湧泉寺古月和尚傳戒，受具足戒。法師在漳州駐錫多年，並朝禮天童、九華等名山，並多次赴南洋弘法。

回臺後與妙禪、如淨等人往獅頭山興辦道場，任金剛寺首座。臺灣光復後一九四七年推舉為臺省佛教會第二屆理事長。一九五四年駐錫臺中寶覺寺，十年間辦二屆佛學院及二次三壇大戒。一九六四年農曆四月二十九日示寂於臺北關渡慈航寺，世壽八十一，僧臘六十五。

【覺意】尼　1889～？

覺意尼師，生於一八八九年，一九二〇年於宜蘭礁溪創

建圓明寺，得萬全和尚之協助，翌年完成。臺灣光復後曾任中佛會宜蘭縣支會監事。

【常定】僧　1890～1969?

　　常定法師，俗名李阿芳，一八九〇年生，一九二六年於桃園平鎮創建湧光堂（今湧光寺），早年曾遊歷桃園各名山，皈依在雪凝和尚座下出家，光復後曾任中佛會桃園支會監事。

【常達】僧　1890～1968

　　常達法師，一九二一年與日本曹洞宗第四十八代開教使雪凝和尚於桃園龜山開創石雲庵，一九四九年日僧遣返，常達法師繼任石雲庵住持，一九六八年農曆九月二日法師圓寂，享年七十九歲。

【玄宗】僧　1893?～1953

　　玄宗法師，幼年出家，四十一歲時任獅頭山元光寺及臺中寶覺寺要職弘法，一九三四年於海外學佛多年歸臺，一九三九年被聘為大崗山超峰寺副住持，同年被高雄光德堂（今光德寺）聘任為住持，一九五三年五月往生。

【光明】僧　1893～?

　　光明法師，一八九三年生，日據時代畢業於淨土宗佛教講習會，光復後住持苗栗觀音寺（原名和善堂，原創於一八五四年）。

【玄信】僧　1894～1980

　　玄信老和尚，俗名陳成芬，臺北市人，出生於一八九四年，宿具善根。一九三七年皈依三寶，禮臨濟宗護國禪寺日

籍僧住持高林玄寶禪師為師，法名玄信，嗣承師囑，創建「勸化堂」（日據時原名叫臨濟宗大橋佈教所）。翌年得高林玄寶禪師之助，師東渡日本，入京都市臨濟學院，攻研佛學。畢業後，於臨濟學院妙心寺受三壇大戒。回國後繼續住持勸化堂，一九六三年於臨濟寺受具足戒。

　　一九五四年創建金龍寺，曾被選為中國佛教會理事、臺北市佛教支會理事、臺北縣佛教支會理事長、臺灣省佛教分會理事長等職。一九八〇年農曆六月二十四日，老法師因年邁圓寂，享年八十七歲。

【玠宗】僧　1897～1987

　　玠宗法師，俗名林資潭，霧峰林家望族，一八九七年生，其父林揖堂，堂叔林獻堂。初在臺中一善堂學佛，後於獅頭山金剛寺出家。二十一歲內渡福建朝禮名山，雲遊廈門、漳州、福州，於泉州承天寺三年，畢業於東方因明論學院，後受戒，法名戒定。回臺後曾任佛學教授、新聞記者、住持。三十歲又赴大陸江蘇、京、滬參訪高僧，並朝禮各大名山。返臺後從事佛教弘法事業，晚年並於桃園創建金剛寺，一九八七年往生，身後遺有《玠宗法彙》一書行世。

【仁達】僧　1898～1982

　　仁達法師，字智果，五十一歲出家，曾在新北雙溪聖南寺駐錫二十七年，一九六七年來瑞芳鎮創建弘明寺，一九七七年冬於美國南加州創立分院美洲菩薩學會，一九八二年元月二十四日圓寂，世壽八十五，僧臘三十五，戒臘三十三夏。

【理明】僧 1900～1962

理明法師，一九三九年繼任關西潮音禪寺住持為第二代，潮音禪寺為第一代達禪法師 (1880～?)，於一九三一年開山創建。理明法師並兼芎林鄉代勸堂住持，臺灣光復後曾任新竹支會理事長，其梵唄教授本省相當有名。

【進宗】尼 1900～1977?

進宗尼師，俗名邱惡（阿）罵，臺中人氏，一九〇〇年生，國校畢業，十五歲持齋、皈依龍華派，二十歲皈依妙禪法師出家，一九五六年三月於臺北五股觀音山凌雲寺受具足戒，拜白聖法師為師。一九四九年進宗尼師接任臺中石岡明山寺（原明山堂）住持，原住持清禪尼師 (?～1956) 於一九五六年農曆十月二十日往生。一九七六年進宗法師年邁退居。

【榮宗】僧 1900～1981

臺中市中天寺開山住持榮宗老法師，於一九八一年二月十日（農曆正月初六日）子時圓寂。老法師是廣東梅縣人，一九〇〇年農曆二月十九日生，中年至浙江省寧波觀宗講寺，親近諦閑老法師、寶靜老法師，於弘法社畢業後，造福鄉里，弘宗演教，皈依者眾，素以教宏天台，行重淨土為儀軌，畢生以度生為心願，晚年隨緣說法度生，每日勤持念佛，卒於吉時念佛往生。二月十二日下午五時封棺，禮請顯明老法師封棺說法。世壽八十二，僧臘六十六，戒臘四十五。

【明然】尼　1902～1974

　　明然尼師，俗名吳菊花，澎湖人氏，一九〇二年二月十七日生。年逾及笄，于歸於同縣之郭君（即千光寺高山郭馬居士，出家後法名開聖）。婚後隨夫至高雄，育有四男三女，一九六二年剃度出家並受戒。一九七四年四月六日圓寂，世壽七十三，僧臘、戒臘各十三夏。

【聖熹】僧　1902～1993

　　聖熹法師，俗名許圳安，一九〇二年生，一九三九年於臺北三重一信堂修習佛法，一九五四年於關渡慈航禪寺禮智性法師出家，法號聖熹，字果欽，一九五九年於臺中寶覺寺受戒，一九六三年於臺北縣中和市創建金山禪寺。

　　聖熹法師傳為臨濟宗金山堂開山第一代住持，一九九三年三月八日示寂，世壽九十二，僧臘三十九秋，戒臘三十四夏。

【常諦】僧　1903～1974

　　常諦法師，俗名許丙辰，澎湖縣人氏，生於一九〇三年。自幼失孤，八歲來馬公，流離街頭以小販為生，輾轉經營餐館、布店，歷數十年事業有成，時常出資救助孤苦貧困，為澎湖家喻戶曉之大善人。

　　晚年與夫人薛氏（法號常道）於一九六七年同禮聖印法師出家，並於臺中慈明寺受戒。一九七〇年於自建之菩提寺晉任首任住持，一九七四年元月示寂，享年七十二歲，僧臘八，戒臘八。

【賢頓】僧　1903～1986

賢頓法師，俗姓林名傳仁，一九〇三年農
曆五月九日生，籍大甲人，幼稟異資，十歲即
持長齋，束髮就讀，一九二〇年於漳州南山寺
禮覺定法師為師，二十歲至五股凌雲禪寺親近
本圓法師，二十四歲於福建鼓山湧泉寺受戒。
一九二七年卒業於第一屆閩南佛學院，並參訪大陸名山古剎，
向各高僧請益佛法，一九六三年同白聖長老等組織中華民國
佛教訪問團，訪問東南亞各國及日本等宣揚佛法，受得皈依
徒眾甚多，一九六四年任東和禪寺住持，後擔任臨濟禪寺住
持，並接受印順法師代傳會泉法師之衣缽及法卷，得法號「寂
昶」，又同白聖長老同辦戒光佛學院，自任院長造就不少
學僧。

一九八六年往生，世壽八十四，僧臘六十七，戒臘六十三。

【妙專】尼　1904～？

妙專尼師，一九〇四年生，早年出家於礁溪圓明寺，一
九四九年接掌宜蘭雷音寺住持，妙專尼師曾任宜蘭縣佛教支
會理事。

【淨寬】尼　1904～1966

陽明山新北投靈法寺開山住持淨寬老尼師（俗稱粉姑娘）
於一九六六年（農曆）五月二日酉時圓寂。

淨寬老尼師世壽六十有二歲，出生於新北市，九歲持齋，
十一歲在白雲寺皈依佛門，十三歲頂禮法師，十八歲過龍華
公場，十九歲往觀音山凌雲禪寺受菩薩戒，三十二歲於士林
啟明堂任維那，三十六歲參詣日本佛教各大聖地，三十八歲
時任北投淨蓮院維那，四十歲入臺灣佛教會北部練成所，以

優良成績畢業，四十八歲拜智光老和尚為師，五十歲在月眉
山靈泉寺受比丘尼戒，五十六歲受聘靈法寺住持，不久即興
建大雄寶殿，為弘法利生，宣揚教理。重建期間因種種寺務
操勞過度，致使法體一日不如一日，而後疾病纏身，受徒眾
的侍側茶藥，數次住入醫院養病，但法體都無起色，藥石失
效，延至五月初二日卒於急性肺炎。

【志淨】尼　1905～1973

　　志淨尼師，新竹縣人氏，一九〇五年生，早年出家於獅
頭山，一九五二年前來接任花蓮玉泉寺第三代住持，一九五
四年首建東臺灣第一寶塔——碧雲塔於玉泉寺。

【復如】僧　1906～?

　　復如法師，臺中人氏，一九〇六年生，早年出家於福建
鼓山湧泉寺，畢業於佛學院，曾遊歷國內四大名山，一九四
九年接任宜蘭礁溪妙釋寺住持，曾任宜蘭縣佛教支會理事。

【智恭】尼　1906～1987

　　智恭尼師，新竹人氏，一九六〇年智恭尼
師接掌新竹淨業院（建於清光緒年間）住持，
一九七〇年增建講堂一座。智恭熱心社會慈善
事業，曾當選為新竹市佛教支會理事。一九八
七年二月十八日圓寂，享年八十二歲。

【永慈】僧　1906～1998

　　永慈法師，一九〇六年生，一九六九年於南投埔里創建
「香光精舍」，一九八三年法師將精舍贈與印德法師(1948～)
後更名為玉佛寺。永慈法師嗣承曹洞宗五十世、傳臨濟宗五
十一世，於一九九八年三月十二日圓寂於玉佛寺，世壽九十

三，僧臘三十八，戒臘三十八。

【妙月】尼　1907～1986?

妙月尼師，一九〇七年生，早年出家於礁
溪圓明寺，十五歲時依覺慈法師出家，一九三
五年接掌礁溪開成寺，一九五九年於臺中寶覺
寺受具足戒。

【微宗】僧　1910～?

微宗法師，字啟光，俗名唐啟西，一九一
〇年生，幼年持齋，十六歲時回內地廈門、泉
州、福州、鼓山湧泉寺研究佛學三年，後受湧
泉寺住持聘為知客三年。後遊詣四大名山及天
台山、蘇州、杭州各名山古剎二、三年，一九

三五年回臺於嘉義慈覺堂修持，後受宜蘭雷音寺管理人楊茂
水之聘前來住持，一九三九年從日本信州善光寺智榮上人，
成為淨土宗西山深草派之開教使，推行皇民化運動之宣傳。

【覺智】尼　1910～1985

覺智尼師，宜蘭縣人氏，一九一〇年生，
一九二六年來礁溪福崇寺禮萬全老和尚出家，
一九三一年萬全老和尚圓寂晉任該寺住持，一
九八五年圓寂，世壽七十六，僧臘六十。

【斌宗】僧　1911～1958

斌宗法師，俗姓施，名能珏，一九一一年出生於鹿港，
十四歲於獅頭山禮妙禪法師出家，居三載，後結茅於汴峰。

一九三三年赴大陸，明年春受具足戒於圓瑛法師，同年
秋發足雪竇，步行禮九華。一九三五年參學上海觀宗寺寶靜

法師，後依止天台宿耆靜權老和尚於浙江國清寺。回臺後一九三九年冬講《地藏經》於大崗山龍湖庵。後於新竹古奇峰創建南天台法源寺、於臺北創南天台弘法院，一九五八年二月觀音成道日寂於弘法院，春秋四十八，僧臘三十四，身後有《阿彌陀經要釋》、《般若心經要釋》、《山居雜詠》等書行世。

【正順】僧　1917～1958

　　正順法師，一九一七年生，師國校畢業，畢業後即在北投中和禪寺禮心源和尚剃度出家。十八歲起在臺北東和禪寺研讀佛經六年，二十五歲時於基隆月眉山靈泉寺參學一年，二十六歲於中壢圓光寺南瀛佛教會主辦之佛教講習會受講一期。二十七歲開始駐錫中和禪寺任監院凡十五年，其間曾赴日本參訪佛教，一九五四年受具足戒於基隆月眉山靈泉寺，一九五八年農曆十月六日往生，世壽四十二，戒臘五。

【一覺】僧　1917～1982

　　一覺法師，一九一七年生，原籍新竹，俗姓莊，二十一歲時負笈日本，畢業於佛學院，二十四歲依日僧全明和尚出家，同年又依日本曹洞宗九十代白龍天山和尚修禪，一九四一年返臺後隱居山林，一九四五年臺灣光復，在全明和尚之促使下於臺東市永平山創東禪寺，曾任臺東佛教支會理事長，一九八二年往生，世壽六十六，僧臘四十三。

【無上】僧　1918～1966

　　無上法師，俗姓陳名文騰，字雲石，號無上，世居竹塹

之城南，父諱國賢，大母郭氏，貳母黃氏，少茹素忌腥臊，
七歲父亡，由貳母教養成人。自幼隨貳母入寺禮拜常念無常，
十三歲至青草湖清泉寺遊，與寺僧一夕傾談而有出塵之志。

及長，業石炭於新竹專事經商，一日出門收帳途逢妖鬼
興害纏身，頃刻精神喪失魂不安寧，七日人事不醒。一九二
八年至臺中胞兄處助理經營，遂辭退新竹工作，後臺中謀事
不成，而往商店就雇，仍不忘昔年出家之願。一九三〇年冬
辭職歸竹塹，重造清泉寺，然景色依舊人事已非，而轉往翠
碧岩（俗稱仙公宮）訪進發師談先天教之理不契。一九三一
年孟春又詣青草湖靈隱寺一法（俗姓鄭，法號明禪）法師講
《般若心經》而感悟，乃決心出家持清淨戒。法師後任新竹
靈隱寺住持、新竹市縣佛教支會理事長，一九六六年三月
圓寂。

【心性】尼　1918～1994

禪光寺開山住持心性尼師，字悟照，俗名游阿青，宜蘭
縣冬山鄉人氏，出生於一九一八年九月二十四日，生父游阿
斗，母黃榮。尼師夙具慧根，聰穎過人，中年崇仰佛法時，
往親近高僧於一九五九年出家。皈依淨心法師於阿蓮鄉光德
寺剃度圓頂。於一九六二年在高雄大崗山超峰寺受三壇大戒。

尼師為弘法利生渡化眾生，於一九六二年由花蓮縣觀光
協會聘請至太魯閣國家公園，擇地創建禪光寺作為弘法道場。
尼師率同弟子領導信眾共修開示佛法。於一九七四年在花蓮
新城鄉創建佛教私立禪光育幼院，收容孤苦無依貧困兒童，
完全免費撫養並接受正規教育。於一九八一年再創辦佛教私
立禪光義診所於花蓮市，為貧苦家庭免費義診。一九八六年

在臺北縣三峽鎮白雞山創建佛教私立禪光安養院，完全免費收容貧困無依老人。

於一九八〇年曾獲蔣總統經國先生造訪之殊榮；一九八三年當選好人好事代表，一九九四年功德圓滿西歸，世壽七十七，戒臘三十二，靈骨安奉於花蓮禪光寺地藏殿。

【慧年】僧　1918～1996

慧年法師，俗名林長庚，一九一八年出生於高雄市望族，日本早稻田大學畢業。一九六三年經八堵海會寺道源老和尚之介紹，依賢頓老和尚出家。一九六六年於臺北市臨濟寺受具足戒。一九七四年受聘板橋市接雲寺住持，禮聘其恩師賢頓老和尚，自任該寺副住持。一九七八年八月，於臺北板橋市創立一言精舍，一九八四年擴建，一九八五年冬落成。曾任臺北市佛教分會監事二屆，臺北縣佛教支會理事三屆連任，一九九六年圓寂，享年七十八歲，戒臘三十一。

【本量】尼　1918～1998

本量尼師，字明音，一九一八年農曆四月二十七日生，俗名王玉鳳，早年適溫姓，育有三男一女。小女出俗法號慈戒，數年後投禮賢頓法師出家，同年(1986)賢頓法師圓寂，以慧印法師為剃度恩師，後協助慈戒尼師創建壽光精舍。一九八六年於高雄元亨寺受具足戒，一九九八年二月九日示寂於臺北壽光精舍，世壽八十一，僧臘十二載，戒臘十二夏。

【信道】僧　1919～1990

信道法師，高雄美濃人氏，俗名劉富勳，一九一九年生，一九六三年依止美濃雷音寺德俊和尚出家，同年三月於臺北

臨濟寺受戒。一九六五年五月於臺東池上大坡湖畔創建東興精舍，並辦青年講習班，一九六七年秋再建藥師道場圓明山法林寺。一九九○年十月十日示寂於新莊法林寺臺北分院，世壽七十二，僧臘二十九秋，戒臘二十七夏。

【傳嚴】尼　1920～1988

　　傳嚴尼師，俗名李申妹，臺中霧峰人氏，一九二○年十一月二十八日生，一九五七年出家，一九六一年起即常在臺中監獄弘法，後開山創建霧峰本淨寺，一九八八年六月十日往生，享年六十九歲。

【妙蓮】尼　1920～?

　　妙蓮尼師，俗名萬秋霞，臺中清水人氏，一九二○年生。一九四九年於清水創建碧華寺，一九五三年四月妙蓮尼師皈依三寶，一九五五年冬依善鏡法師出家，並於臺中寶覺寺受具足戒。

【素道】尼　1922～1995

　　素道尼師，俗姓劉，一九二二年農曆十月生，屏東縣人氏，二十三歲依日僧東海宜誠出家，早年留學日本尼眾學院，一九四六年接掌屏東高樹鄉「廣修堂」（今廣修禪寺前身），一九六八年該堂年久失修，在素道尼師的努力下拆除重建，歷時八載完成，一九九五年農曆元月八日圓寂，世壽七十四，僧臘五十一。

【常明】尼　1922～1978

　　常明尼師，一九二二年生，曾任臺北縣佛教支會理事長，早年依淨良法師剃度，一九五四年於基隆月眉山靈泉禪寺智光法師座下受具足戒，專修淨土念佛法門二十餘年，後任北

投彌陀寺監院，一九七八年十二月二十一日圓寂，世壽五十六，僧臘三十二載，戒臘二十六夏，三十日安奉新北樹林山佳樂山佛教公墓。

【宗心】僧　1923～1977

宗心法師，俗名林錦東，南投竹山鎮人氏，一九二三年生。早年皈依日本臨濟宗妙心寺派總長高林玄寶禪師，赴日受六年禪學訓練。一九四五年返臺，任臺中市寶覺寺佛教專修道場教師，同年秋臺灣光復後組織臺灣省佛教會。曾任臺灣省佛教分會理事長。

後收集日人遺骨於寶覺寺內建「日本人遺骨安置所」，與日本佛教界素有交情。後因故被限制出境達十餘年。一九七六年獲准訪日，一九七七年四月原定與日本舉行佛教國際會議，事未成，宗心於同年四月六日圓寂，享年五十五歲。

【德如】僧　1929～1989

德如法師，法傳臨濟正宗第四十二世，一九二九年生，二十四歲出家，二十六歲受戒，生前住持臺北市北投區曼陀寺，一九八九年十一月十三日圓寂，世壽六十一，僧臘三十八，戒臘三十六。

【聖印】僧　1930～1996

聖印法師，字聖印，法名果玄，俗姓陳，名林明。一九三〇年閏六月八日生於臺中東勢鎮，祖籍廣東，歷代務農。

十七歲時投禮北投慈航寺智性法師出家，二十歲入新竹青草湖靈隱寺佛學院。畢業後任

臺中寶覺寺監院，一九五五年受戒於基隆靈泉寺，後入日本
京都佛教大學通信部就讀。一九五九年於臺中正聲廣播公司
開闢電臺弘法節目「慈明之聲」，前後達三十三年之久。一九
八六年於中視開闢「大法輪」弘法節目，一九八八年元旦又
在華視開「菜根譚」。一九六一、六四年分別創辦《慈明》及
《慈聲》月刊，並在霧峰創辦「慈明商工職業學校」、「慈明
佛學院」、「中華佛教學院」等教育事業，全省分支道場共三
十六處。一九九六年三月十九日圓寂，法嗣臨濟宗開臺第二
代祖師智性和尚門下第二代傳燈法脈，世壽六十七，僧臘四
十九秋，戒臘四十一夏。

【福慧】尼　1930～1985

　　福慧尼師，即苑裡大興善寺（後遷至銅鑼）的無名比丘
尼，早年畢業於日據時代的臺北女學校，婚後育有一子一女，
夫亡後至山上深洞苦修。平日修行足不出戶、臥不倒單、口
不言語，生前無號無名，以大悲水加持膾炙人口，禁語凡二
十年，一九八五年三月三日圓寂，世壽五十六，僧臘三十，
往生後該寺才公佈其法號為福慧及簡單相關資料。

【聖行】尼　1935～1980

　　聖行尼師，俗姓蔡，二十歲出家，二十一歲受具足戒於
十普寺。後入臺南竹溪書院就讀，學畢駐錫於五股西雲岩寺。
一九八〇年六月往生，世壽四十五，戒臘二十五。弟子有果
俊、果忠、果祥等人。

【心平】僧　1939～1996

　　苗栗縣南庄鄉獅頭山開善寺住持心平法師，於一九九六
年十月十九日（農曆九月初八）凌晨圓寂。心平法師生於一

九三九年正月二十七日，世壽五十有八，僧、臘戒具足八年。
一九九六年十月二十七日上午假獅頭山勸化堂舉行傳供儀
禮，在追思讚頌大典後，隨即發引遵依佛制荼毗，後迎歸關
西潮音寺地藏塔。

【妙禪】僧　1886～1965

　　妙禪法師，俗名張煥年，字閒雲，號臥
虛，一八八六年生，今新竹縣竹東鎮北埔庄人
氏。少依父親萬史公懸壺濟世，後學習書畫，
棋琴雕塑各種美術無不精通。及長棄儒奉佛，
於福建興化后果寺禮良達上人出家，並在雪峰
掩關三年，後五年遍歷中國名山名剎。

　　歸臺後於苗栗獅頭山創建金剛寺，臺中創建寶覺寺。日
據時代並獲日本臨濟宗妙心寺派授與佈教師職、南瀛佛會教
職、臺北圓山鎮南學村漢文教職。

　　一九三〇年赴日之後，一九三二年告老隱於南山精舍，
一九三七年於新竹湖口創建鳳山寺，一九六五年圓寂，世壽
八十。

【慈道】尼　1910～1990

　　慈道尼師，臺中大雅人氏，俗名張愛菊
（玉？），一九一〇年生，十五歲茹素，十七
歲隨母出家，師承日僧東海宜誠。

　　一九二三年其母普酡尼師應信眾邀請於大
雅鄉現址建「龍善堂」供奉佛修行，一九四一
年慈道尼師任第二代住持，一九三五年更名為龍善寺。一九六
三年重建，一九六五年完成，一九九〇年八、九月間往生。

【覺心】僧　1923〜1987

覺心法師，臺南鹽水人氏。一九四〇年與
斌宗法師邂逅於日本岐阜縣美濃清泰寺，同年
七月隨斌宗法師回臺，後皈依為其弟子，賜號
覺心。

一九四一年覺心法師赴福建鼓山湧泉寺
受具足戒，直到一九五八年斌宗法師圓寂前，未嘗離其左右，
在新竹法源寺為師建「華藏寶塔」以安舍利。

覺心法師生好藝術，與臺灣知名藝術家楊英風素有往來。
晚年移錫臺北弘法院，一九八七年二月圓寂，舍利安奉新竹
法源寺。

【禪覺】僧　1925〜1985

禪覺法師，為內湖金龍寺第二代住持，一九八五年十二
月三日圓寂，世壽六十一，僧臘二十三，戒臘二十三。

【淳皓】僧　1925〜1994

淳皓法師，苗栗縣人，一九二五年生，十
四歲即茹素。淳皓法師旁通醫藥及堪輿之學，
一九六二年於桃園市現址創建宏善寺，歷時十
年始完成，曾任中國佛教會桃園縣支會理事長，
一九九四年四月二十四日往生，世壽七十。

【寶心】僧　1931〜1993

寶心法師，一九三一年農曆十一月生，俗名朱滄靜，高
雄市人。七歲入私塾，弱冠皈依三寶於懺雲法師座下，一九
五二年依斌宗法師披剃出家。一九五三年自搭茅蓬於山中修
行，三年後二十二歲往返香港、美國等地，並在香港中醫研

究院完成學業後返臺。

一九六七年於高雄路竹現地創建路竹佛教堂，一九八〇年完工。一九九三年往生，世壽六十三。

【慧印】僧　1935～2004　　**再版增列**

慧印法師，俗名林傳章，一九三五年十一月二十一日生於臺中大甲，六歲時過繼給賢頓法師，常住於臺北市龍雲寺，修學沙彌律儀，基本梵唄唱念。退伍後依止賢頓法師出家，一九五九年二月於臺北十普寺受三壇大戒。後入十普寺三藏學院就讀。一九八七年出任臺北萬華龍山寺住持，二〇〇四年五月三日圓寂。世壽六十九歲，戒臘四十五夏。

【如心】尼　1937～2008　　**再版增列**

如心尼師，俗姓王，澎湖人氏。一九三七年生，十七歲榮宗和尚出家，一九五五年於基隆月眉山靈泉寺受三壇大戒。二十五歲，在榮宗和尚介紹之下，至桃園縣觀音鄉寶蓮寺常住，後任寶蓮寺第三任主持。

二〇〇八年九月二十日，安詳捨報，世壽七十二，僧臘五十五載，戒臘五十三夏。

【慈定】尼　1955～1992

慈定尼師，臺南人氏，俗姓王，高職畢業後不數年，禮新北瑞芳弘明寺宏哲法師出家，後入十方叢林書院就讀，一九八四年於臺北臨濟寺依白聖法師受具足戒，未久罹患癌症，一九九二年五月一日往生，世壽三十八。

(三) 臺灣佛教各大派演字法系表

臨濟下十九世碧峰性金禪師演派二十字「性空原朗耀 鐘智本虛玄　能包羅萬有　故統御大千」

臨濟下二十五世碧峰下第七世實空智板禪師演派十六字 「智慧清淨　道德圓明　真如性海　寂照普通」

五臺、峨嵋、普陀前寺續演派三十二個字「心源廣續 本覺昌隆　能仁聖果　常演寬宏　惟傳法印　證悟會融　堅 持戒定　永紀祖宗」

一、基隆靈泉寺善慧禪師、臺南法華寺善昌禪師派下外 字「善德普修　紹真有由」，此外字「善」字之內字是臨濟下 第五十三世「常」字

二、赤山龍湖岩派下外字傳「燈明月修　梵妙頌微深 懷復成寶蓮　善根長滋潤　顯化願力昇」，此派「傳」字之內 字是臨濟下第四十八世「隆」字

三、臺南開元寺臺北凌雲寺派下外字「精圓淨妙　定慧 融通　光輝普照　法應自如」，此派外字是號在下字、如玄 精、本圓、眼淨等等，又此派「精」字之內字是臨濟下第五 十九世「法」，亦可稱為傳芳師派

四、大崗山義敏禪師、大林義存禪師派下外字「福善成 寶　妙義永開　心圓天地　覺悟古今　萬光普照　一月清輝 鼎新仁德　大振家風」，此派「福」字之內字是臨濟下第五 十世「仁」字

以上是臺灣臨濟宗門下現行內字，至於現下臺灣臨濟宗

各大派現行外字，如另記之祖牌寫法：例如清華山德源禪寺永錫和尚祖牌字稱:「傳臨濟正宗第五十六世宏耀錫禪師大和尚」；大仙寺開參和尚祖牌字例：「傳臨濟正宗第五十七世惟學參禪師大和尚」。

臨濟下 演派 世代	臨濟下派 内字	崗山派 外字	赤山派 外字	開元寺派 （觀音山派） 外字	月眉山派 外字
50	仁	福	⋮	⋮	⋮
51	聖	善	⋮	⋮	⋮
52	果	成	⋮	⋮	⋮
53	常	寶	梵	⋮	善
54	演	妙	妙	⋮	德
55	寬	義	頌	⋮	普
56	宏	永	微	⋮	修
57	惟	開	深	⋮	紹
58	傳	心	懷	⋮	真
59	法	圓	復	精	有
60	印	天	成	圓	由
61	證	地	寶	淨	⋮
62	悟	覺	蓮	妙	⋮
63	會	悟	善	定	⋮
64	融	古	根	慧	⋮
65	堅	今	長	融	⋮
66	持	萬	滋	通	⋮
67	戒	光	潤	光	⋮
68	定	普	顯	輝	⋮
69	永	照	化	普	⋮
70	紀	一	願	照	⋮
71	祖	月	力	法	⋮
72	宗	清	昇	應	⋮
73	心	輝	⋮	自	⋮
74	源	鼎	⋮	如	⋮
75	廣	新	⋮	⋮	⋮
76	續	仁	⋮	⋮	⋮
77	本	德	⋮	⋮	⋮
78	覺	大	⋮	⋮	⋮
79	昌	振	⋮	⋮	⋮
80	隆	家	⋮	⋮	⋮
81	能	風	⋮	⋮	⋮
82	「仁」	「福」	⋮	⋮	⋮
備註	内字	崗山	赤山	開元	月眉

臺灣臨濟法脈演系表——王進瑞居士編

八、一九四九年來臺之大陸法派

(一) 前 言

所謂「大陸法派」之名稱，並沒有什麼學理上的根據，主要是為方便分辨，以及區隔一九四九年之前不屬於臺灣佛教、崛起於日據時代的「四大法派」，並獨立於「四大法派」之外的其他本土性宗派。臺灣的佛教皆來自於中國大陸，臺灣的本地僧侶在大陸出家，在臺灣繁衍宗脈，雖然在日據時代亦有少部分本地人皈依日本佛教宗派，但由於人數不多，也就不太引起注意。而傳承南宗禪（主要以福建鼓山湧泉寺為主）的臺島僧侶，一直居於傳法及人數的優勢，「大陸法派」的名稱即是為有效區隔此一歷史現實而發。而在兩岸佛教的分斷上是在一九四九年之後，而「大陸法派」僧侶在臺所傳法子，無論省籍皆歸入此一法派中。

一九四九年（含以後）來臺的大陸籍僧侶，省籍遍佈十九個省市以上，其中以江蘇省籍的僧侶最多，就本書的比例來看約有三成，當然這也是一股臺灣光復後佛教的主導力量。這些江蘇省籍的代表僧侶有智光（焦山定慧寺住持）、證蓮（常州天寧寺住持）、南亭（泰縣光孝寺住持）、東初（焦山佛學院院長），這些長老輩的僧侶陸續在八〇年代往生之後，

年輕一輩的同省籍僧侶，或其弟子們至今仍接續師輩的影響力不衰，例如星雲法師（江蘇江都）與佛光山、成一法師（江蘇泰縣）與華嚴蓮社、了中法師（江蘇泰縣）與玄奘大學等。

而主導中國佛教會三十年以上的白聖法師，雖然是湖北省籍，但他主要活動的地方是在上海，跟江蘇省有極深的地緣關係，另外他來臺之前是上海靜安寺的監院，以及中佛會上海分會常務理事，身居要職。白聖法師是從中佛會第四屆 (1960～1963) 開始連任理事長，其中除了第八屆 (1974～1978) 改為常務理事制外，白聖法師一直連選連任至第十屆 (1982～1986)，一九八九年圓寂。後悟明法師任第十一、二屆中佛會理事長，自第十三屆 (1993) 開始，由白聖法師的受法弟子淨心法師連選連任。

在佔僧侶人數最多的江蘇省籍之外，較具有宗派特色應屬於東北省籍者（遼寧、吉林、哈爾濱），具有傳承天台宗法脈的特質，如樂果、濟濤、慧峰等法師。其餘的僧侶分散在各省籍中，並沒有形成特別的影響力。

老一輩的大陸籍僧侶在凋零之後，其法子或同省籍的後輩弘法者，如今也都面臨年事已高的情況，如佛光山、法鼓山、華嚴蓮社等，而其弟子皆以本省籍為主，加上佛教本土化的必然過程，大陸法派在光復後居主流的領導地位，是否在稍晚會有所改變呢？而慈濟功德會的崛起，又以極大的胃納吸收了可觀的佛教在家信徒，都是大陸法派所要面對的嚴肅課題。

兩岸佛教分隔四十年，互不交流的情況，比起日據時代更為嚴重，在某種程度上大陸法派的「本土化」也就不可避

免。而大陸法派在老輩凋零之後，可能在法承上不虞無人，但內容上必然是有別於師叔輩的情況了。

(二) 佛光山的崛起

1. 前言

佛光山的開山星雲法師 (1927～) 於一九四九年國共內戰中隨軍來臺，那一年星雲年僅二十三歲。言語不通，四顧茫茫，星雲法師輾轉來到臺北，想投靠於早一年購下位於南昌街十普寺（日據名為了覺寺，屬真宗本願寺派）的白聖法師，結果遭斥責。後來流浪臺北、基隆，最後不得已只好投靠慈航法師在中壢圓光寺的「臺灣佛學院」。可是當時的住持妙果老和尚 (1884～1963) 因大陸僧人不斷地增加，在佛學院試辦六個月之後於一九四九年六月一日正式停辦。但因為新竹靈隱寺有意接辦，慈航與無上法師商定之後，便將學僧送往，星雲法師則留在中壢。原本計畫六月八日開學，但在新竹當地發現「反動」標語，及傳說共黨派遣三百名僧侶來臺滲透，慈航法師所帶領的這批學僧便以「匪諜」的名義下獄二十三天。

一九四九年底事件逐漸平息，慈航法師在汐止靜修禪院的協助之下，於後山創建的彌勒內院於一九五〇年八月十六日落成，原本居無定所的大陸來臺學僧十之八九都聚集在彌勒內院，星雲法師則在同年冬往苗栗大湖法雲寺「看山」。

彌勒內院的講學事實上由慈航法師獨撐大局，學僧對單

獨由少數人主持信心有些動搖。一九五一年春李子寬與大醒
法師在新竹青草湖靈隱寺無上法師的鼓勵支持下，決定開辦
「臺灣佛教講習會」，這個講習會甫開辦之際，原在彌勒內院
參與授課的圓明法師就離開到講習會去了。後大醒法師因腦
溢血過世，圓明法師於是向李子寬商請滯港的演培法師
(1917～1996) 來臺接繼辦學，爾後印順法師的門人相繼來臺，
原先追隨慈航法師的學僧為求更好的學習環境與品質，紛紛
離開彌勒內院前去講習會。

　　可是星雲法師有自己獨當一面的想法，長期蟄伏人下與
他的個性不合。一九五三年農曆年間，煮雲法師與星雲去拜
訪任職於中國佛教會常務理事的同學廣慈法師，廣慈告訴星
雲及煮雲，高雄鳳山及宜蘭地區有信徒來函要求佛教會派法
師前去駐錫弘法，想到四處流浪的生涯就要結束，兩人都十
分高興。煮雲由於來臺弘法集中在中南部，因此就提議北部
由他駐錫，南部由星雲接掌。議定之後煮雲突生一場怪病，
纏綿病榻動彈不得，宜蘭方面十分著急，便親自到佛教會來
請法師，星雲和他們談妥之後便北上，就在這種陰錯陽差之
下，星雲遂從駐錫的宜蘭雷音寺開始拓展他的佛光山弘法事
業體系。協助星雲在宜蘭立足生根的這個人不是別人，正是
佛光山的大護法——李決和居士，而他的女兒也就是日後投
禮星雲出家的慈莊法師。

2.崛起宜蘭

　　在整個五〇年代，隨軍來臺的僧侶，主要的舞臺就在臺
北，例如白聖法師駐錫十普寺，南亭、智光駐錫華嚴蓮社，

東初法師的北投文化館，道安法師的松山寺，太滄法師的士林金山院，證蓮法師的新店竹林寺，加上中國佛教會是設立在臺北市東和禪寺內，是故佛教界的弘法重鎮是在臺北，無疑的除非有其他理由，否則，在臺北先有立足之地，至少是大多數僧侶的共同選擇。

星雲法師自然也明白在臺北設立道場的重要性，只可惜他先是在十普寺遭遇挫折，流浪各地十分潦倒，宜蘭這個偏遠的地區乃是他現實環境下不得不接受的結果。

當然，在宜蘭這個窮鄉僻壤，要創出一番局面，沒有堅強的毅力與非常的手段是不可能達成的。星雲法師幾乎是使出渾身解數，用各種想得到的佈教方式，將雷音寺辦得有聲有色，例如他成立佛教第一個歌詠隊，由學佛青年所組成，引起教界的嘩然。由於星雲法師在一九四九年曾因「匪諜」案而下獄，背負著這種莫須有的陰影，他當然也會利用適當的時機作某種程度的「政治表態」，例如在一九五八年由於中共揮兵入藏，引起藏人的反抗，適逢四月初八佛誕日，當晚星雲法師決定舉辦夜間提燈遊行。善於利用各種資源與人脈，是星雲法師迅速自宜蘭崛起的原因。

當然，以前所未見的佈教方式來傳播佛法，在當時仍是保守的教界內外，引起爭議與側目是免不了的，例如在一九五九年的九月，星雲法師在當時臺北縣三重埔設立「佛教文化服務處」，就有保守的教界人士揚言縱火，當年保守的佛教生態可見一斑。

星雲法師以幾乎不見容於傳統而又保守的佛教界，開創了個人獨特的佈教方式，在引起爭議中迅速地打開了知名度。

除了以歌詠隊、提燈夜遊、電臺佈教等動態的弘法方式之外，積極涉足佛教文化界，也是星雲法師得以在臺灣長老級僧侶的環伺之中脫穎而出的原因。

星雲法師以著書、編刊物及宣傳影印《大藏經》的方式，在佛教文化界表現出極為出色的一面。例如在一九五四年，也就是星雲法師接掌宜蘭雷音寺的同一年十二月，他就出版了一部佛教具言情及警世色彩的短篇小說《玉琳國師》，由於通俗易解，一時大為風行，並被改編為舞臺劇。接著是翌年的八月，星雲法師在主持雷音寺繁忙的法務之中又出版了《釋迦牟尼佛傳》。其之勤於筆耕，在當時的佛教界算是少數人士之一。

一九五五年九月東初法師 (1907～1977) 以中華佛教文化館的名義，發起全島宣傳影印《大藏經》的活動，在大陸來臺的僧侶中，蘇北人佔多數，而發起宣傳影印《大藏經》的東初法師為江蘇鎮江人氏，而主事者之一的南亭法師 (1900～1982) 為江蘇泰縣人氏，至於當時都還相當年輕的星雲、煮雲、廣慈等三位法師也都是江蘇人，其中星雲法師為江蘇江都縣人氏，煮雲法師為江蘇如皋人氏。由於江蘇同鄉這一層關係上，星雲法師順利地在環島宣傳影印《大藏經》上全程參與，並宣傳得極為出色，星雲法師也日漸展現他弘法宣傳的長才。

星雲法師名聲漸露，法緣也就自然興盛起來，因此，在隔年，也就是一九五六年的四月，星雲法師在宜蘭的新建念佛會的講堂落成了，這不過是他駐錫宜蘭的第三個年頭，當時甚至某些大陸來臺的僧侶都還沒有自己的道場。同年六月

星雲法師還受聘為「高雄佛教堂」的監院，不願侷促一隅的他已把觸角往南臺灣伸展了。而在臺北也有了「普門精舍」的一處根據地。

3.星雲法師和佛教雜誌

星雲法師自己勤於筆耕，因此，臺灣地區所發行的佛教刊物，早年幾乎都可看到他以筆名發表的文章。星雲法師最早接掌佛教雜誌的編務，應該是由東初法師創辦於一九四九年四月的《人生》雜誌。但由於《人生》雜誌的各種條件並不成熟，辦辦停停，編輯也一再更換，星雲則是在圓明法師、張少齊居士、成一法師之後的第四任，星雲法師之後則是廣慈法師接手。後來又被聘為《今日佛教》月刊（創辦於一九五七年四月）的社務委員，但《今日佛教》僅維持兩三年便告結束。

星雲法師和佛教刊物淵源較深的算是由張少齊居士創辦於一九五七年四月一日的《覺世》旬刊，當時星雲法師是任總編輯。一九六一年星雲法師在接下《今日佛教》的發行人之後，翌年復又正式接掌《覺世》旬刊發行人，而在兩者之間，星雲法師專心致力於《覺世》旬刊的發行，《今日佛教》也只得停刊。而這份《覺世》旬刊自此伴隨著星雲法師的開創佛光山龐大佛教事業體系，一直以宣揚佛光山的理念為主，並早已發行突破十萬份，直到一九九六年才將旬刊改為月刊。

星雲法師的另一份刊物是《普門》雜誌，《普門》創辦於一九七九年，是為區隔《覺世》而誕生的，《普門》是一份綜合性刊物，雖以佛教文化、弘法為主要內容，但手法是軟性，

可說是佛教界的一份綜合性刊物。晚近並開始連載《星雲日記》，使得星雲法師的弘法理念與心路歷程順利地介紹出去。

　　星雲法師在一九六二年之前，很能利用媒體打開個人的知名度，一九六二年四月之後，以《覺世》旬刊發行人的身分，更有利於逐步建構佛光山事業體的根基。

4.高雄壽山寺的建立與佛光山的開山

　　一九五六年六月任「高雄佛教堂」監院之前，星雲法師已時常往來宜蘭與高雄兩地之間弘法，直到擔任監院有了固定的道場之後，星雲法師個人的弘法長才更是展露無遺。在累積豐富的人脈之後，一九四八年就有因緣於高雄壽山公園建立寺院，但因公園管理委員會的成立而發生變化，不過，星雲法師還是於一九六〇年先成立了「壽山念佛會」，並積極申請寺廟登記，在數年中變換數個地點，終於在一九六三年開創壽山寺，翌年十一月落成。壽山寺的成立牽動了佛光山寺的建立，也為佛光山日後的開展奠定了基礎。一九六五年購下二十餘甲的麻竹園（即後來的佛光山），後再陸續增購二十餘甲，直到今日五十甲的面積，一九六七年五月正式擬定四個五年計畫，動工創建這座佛光山的「總本山」。

　　⑴第一個五年計畫 (1967～1971)

　　佛光山的動工是在一九六七年六月十八日，是從西山的「東方佛教學院」開始興建，這第一期工程至一九七一年四月十一日結束，主要的工程有東方佛教學院、大悲殿、觀音放生池、龍亭、彌勒佛像等。

　　⑵第二個五年計畫 (1971～1975)

這一期的工程自一九七一年七月一日開始動工，至一九七五年十一月結束，共完成大慈育幼院、朝山會館、接引大佛、佛光精舍與大覺寺等重要工程。

⑶第三個五年計畫 (1975～1983)

這一期工程從一九七五年十一月自大雄寶殿奠基開始，至一九八三年萬壽園竣工，可說是佛光山最重要的時期，這一時期共完成大雄寶殿、淨土洞窟、普門中學、萬壽園與佛教文物陳列館。佛光山寺的基礎至此已大致底定。

⑷第四個五年計畫 (1981～1987)

在佛光山的中樞大雄寶殿完工後，接下來的工程主要是以服務信徒為主的周邊工程，從一九八一年春地藏殿動工開始，一九八七年九月信徒會員中心與流通處落成，這期五年計畫共完成麻竹園、地藏殿、普賢殿、大慈庵寮房、信徒會員中心與流通處、傳燈會等重要工程。

星雲法師捉緊時機，並以五年為期分批、分期逐步建設佛光山龐大硬體設備，時機之恰當，正好配合了自七〇年代以來，臺灣整個經濟環境的大轉型，並蓬勃發展，佛教也在經濟活絡之中，展現快速的成長。星雲法師在此時開山創建佛光山，並順利按期完成，除了星雲法師弘法長才之外，臺灣整個經濟的發展帶動佛教的興盛亦為其中重要因素。

(三) 大陸法派重要法師小傳

【樂果】僧　1884～1979

樂果法師，遼寧省營口市人，俗姓陸，名炳南，一八八四年生。一九三九年於東北開源縣龍潭寺依心徹和尚出家，號大聞，字樂果，為曹洞宗二十七世下，演派第五。一九四一年赴燕京弘慈廣濟寺依光德律師受具足戒。

一九四八年春卓錫浙江寧波觀宗寺，法承四十四代天台法統。同年冬住持青島湛山寺，翌年春時局動盪轉赴香港。一九六七年由港赴臺，於南投埔里觀音山麓創建佛光寺。一九七九年二月五日示寂於香港聞性精舍，世壽九十六，僧臘四十，戒臘三十八，法臘三十二，後遺骨舍利部分安奉埔里佛光寺。

【本際】僧　1884～1968

本際法師，號澄澈，安徽桐城人氏，俗名龍燦，字健行，一八八四年農曆十二月二日生。早年弱冠肄業於安徽旅湘公學，曾執教鞭及任職公職多年。一九四九年春來臺，一九五一年應臺灣省佛教會聘，教女眾於中壢圓光寺，翌年禮南亭法師披剃，同年十二月赴臺南關子嶺大仙寺受戒於開參老和尚，時年六十九歲。一九五九年駐錫基隆佛陀林，改建後名曰海印寺，一九六八年八月十日捨報，世壽八十五，僧臘十七，戒臘十六，身後有《學佛修養及健康實驗法》、《懷柏山房文鈔》行世。

【能元】僧　1884～1964

　　能元法師，嘉義市人，一八八四年生，俗名陳登元，日據時代曾任嘉義廳通譯、鄉鎮長等要職。早年信仰齋教龍華派，在日據時代創立「臺灣佛教龍華會」，連絡中南部各齋堂，總部設在嘉義市山仔頂天龍堂（今天龍寺）。

　　臺灣光復後於一九五二年在大仙寺首次傳戒上出力甚巨，但未出家。一九五五年禮隆泉法師，出家於臺中寶覺寺並受具足戒，曾任天龍寺住持、中佛會常務監事。晚年辭退天龍寺住持，受臺北士林外雙溪湧泉寺住持妙廣法師禮聘擔任該寺導師。法師生前囑咐往生後遺體供臺大醫院解剖。一九六四年十月十五日圓寂，解剖後於臺北殯儀館火葬，得舍利子數十顆，世壽八十一，戒臘十。

【能海】僧　1886～1967

　　能海法師，俗姓龔，四川綿竹縣人氏，一八八六年生，一九二五年出家，一九六七年圓寂，世壽八十二，僧臘四十三，生平譯著甚多，有《根本阿含集頌》、《辯識阿含集頌》、《菩提道顯密修行次第科頌》等書行世。

【恆月】僧　1886～1979

　　一九七五年以九十高齡逃離緬共，經泰國回到臺灣來的老和尚恆月老法師，於一九七九年六月十七日安詳往生。

　　其弟子大悲佛堂住持傳定法師於六月二十九日，假臺北市民權東路市立殯儀館，遵循佛制，恭請悟明法師舉行封棺說法後荼毗。

　　是日前往參加公祭的人士有悟明法師、泰安法師、了中法師、心定法師等諸山大德及護法居士數百人。

【律航】僧　1887～1960

　　律航法師，俗名黃臚初，祖籍安徽亳縣。生於一八八七年三月二十一日，世代務農。

　　二十一歲入安慶省立優級師範學校，二十四歲棄文從武入保定陸軍速成學堂，三十歲入陸軍大學。曾任參謀長、砲兵學校教育長、軍團長、副軍長及軍長，一九二八年官拜陸軍中將。對日抗戰時任山西太原防空司令及第二戰區駐西安北平辦事處處長。後因眼疾受友人溫起凡鼓勵，於五十二歲時在西安城南大興善寺皈依心道法師，專修淨土，翌年受五戒。六十歲時由北平來臺，在臺北東和禪寺謁慈航法師，蒙皈依隨侍，一九四八年四月八日禮慈航法師剃度出家，一九五二年秋受戒於白河大仙寺，一九五三年任臺中慈善寺住持，一九六〇年七月圓寂於寺中，世壽七十四，法臘十三，戒臘九。

【惠光】僧　1888～1967

　　惠光法師，湖南湘潭縣人氏，俗名李家桃，號鶴松，一八八八年生。

　　一八九四年於同鄉儼然山圓通寺超靜老和尚跟前啟蒙就讀，並藉此機緣出家三年。一八九九年三月於長沙東鄉之鐵爐寺禮妙華老和尚正式出家，法名復定，號聖如。一九二〇年八月於古開福寺慧修律師座前求受具足戒。一九二四年四月起至一九五五年正月共十次學密，一九三〇年自法源寺佛學院畢業，翌年移至觀宗學院親近諦閑法師，一九四八年抵廣東南華寺任戒律佛學院教授。一九五〇年冬抵九龍任大嶼山法林寺住持，

一九五四年六月間於香港東普陀寺閉關三年，一九五七年出關。一九五八年四月來臺，住基隆十方大覺寺，一九六四年於屏東市創建鐵爐寺，一九六七年四月十五日圓寂，世壽八十，戒臘四十七，身後有《宗門講錄》、《禪學指南》、《禪學問答》、《佛教考證史》行世。

【寂光】僧　1899～1976

寂光法師，為河北省邯鄲縣人，俗時歷任縣長、專員等職，後在山西省隰縣千佛洞依茂芝大師出家，於四十六歲時在浙江日陀山兩禪寺受具足戒。來臺後曾任臺中佛學院督學、中國佛教會理監事及桃園大溪香雲寺住持。且曾受聘前往越南、泰國、香港等地弘法，先後開演《華嚴》、《楞嚴》等經。

度化緣盡，於一九七六年四月十日九時五分示寂，戒臘三十，法臘七十四。

【智光】僧　1889～1963

智光法師，俗姓孫，江蘇泰縣人氏，一八八九年五月二十五日生，十三歲依宏開寺玉成和尚出家，法號彌性，號以心，別號仁先。十七歲於寶華山皓月和尚座下受戒，後入上海華嚴大學，一九一九年入常州天寧寺依治開大師習禪，一九二一年掩關於泰州北山寺專究《華嚴》，後受鎮江焦山定慧寺之記莂，法名文覺，號智光，任監院，一九三四年升任焦山定慧寺住持。一九四九年抵臺灣，初寓十普寺，一九五二年與弟子南亭、徒孫成一創建臺北華嚴蓮社，並受聘臺南大仙寺、基隆靈泉寺、臺中寶覺寺三次傳戒。一九六三年三月十四日示寂，世壽七十五，戒臘五十八，法臘四

十一。

【章嘉】僧　1890～1957

　　十九世章嘉活佛，名羅桑班殿丹畢蓉梅，其錫號呼圖克圖，蒙古族。清代治理蒙藏，劃四大教區，章嘉一系掌內蒙四十九旗、青海二十旗。民國肇建封為蒙旗宣化使，歷任蒙藏委員會委員、國民政府委員、國民大會代表、總統府資政、國民黨中央監察委員、中央評議委員，一九四九年來臺後任中國佛教會理事長，一九五七年三月四日圓寂，世壽六十八。

【廣欽】僧　1892～1986

　　廣欽法師，俗姓黃，福建惠安人氏，一八九二年生。稍長於泉州承天寺出家，方丈轉塵上人命其依止瑞芳法師。後往南洋，三十三歲回寺，於瑞芳法師座下正式剃度，法名照敬，字廣欽。

　　一九三三年於莆田山慈禪寺妙義和尚求戒，戒畢往泉州城北清源山覓岩安居，後傳有伏虎異事。一九四五年下山返寺，一九四七年農曆六月來臺，先掛單於基隆、臺北各地。一九四八年春於新店開鑿石洞命名廣明岩。一九五一年十一月居三峽日月洞，一九六〇年四月於土城建承天禪寺，一九七八年重建承天禪寺。一九六九年建廣承岩，一九八二年於高雄六龜建妙通寺，一九八四年移錫妙通寺；同年十月傳三壇大戒。一九八六年農曆年間寂於妙通寺，世壽九十五。

【興慈】僧　1893～?

興慈法師，俗姓鄭，名普恩，河南南陽人氏，生於一八九三年，早年畢業於北平講武堂，官拜陸軍中將。一九三四年起長齋禮佛，一九六八年禮基隆海會寺道源法師出家，同年於基隆十方大覺寺受戒。法師原住持北投大慈寺（原為日產），深研《華嚴》經藏。

【證蓮】僧　1893～1967

證蓮法師，江蘇鎮江丹徒縣人氏，俗姓吳，一八九三年秋生，九歲出家，禮鎮江登雲寺果宏法師為依止，一九一〇年於南京金陵大寶華山隆昌寺受戒，一九一四年入焦山定慧寺一住五年。一九一九年赴常州天寧寺習禪，一九二五年受記為天寧法席繼承人。一九三一年正式住持天寧寺。一九五一年冬來臺，翌年冬於臺南大仙寺戒期中任首席尊證，一九五三年春於臺北新店建竹林精舍（今竹林寺），一九五五年春於基隆靈泉寺戒期中任得戒和尚，曾任中佛會常務監事，一九六七年圓寂，世壽七十五。

【慶規】僧　1893～1965

慶規法師，俗姓王，江蘇海門人氏，一九三二年冬於浙江南海普陀山慧濟寺禮德謙和尚出家，法號法仁，旋參究天童寺及觀宗寺研究經典數載，後返普陀山慧濟寺任方丈。一九四九年來臺駐錫於五股觀音山凌雲禪寺居首座。一九六〇年於士林天母建慧濟寺分院，世壽七十三，法眷有性海法師。

【太滄】僧　1894～1968

太滄法師，江蘇如皋縣人氏，生於一八九四年。一九一三年於家鄉菩提禪院禮海澄上人出家，一九一七年赴金山江天寺圓具學律，一九二二年辭寺離山遊方學教。一九二四年回山銷假，同年七月任副寺，一九三四年升監院，一九四五年四月繼霜亭和尚後任住持。

　　一九四九年避居香港鹿野苑，一九五一年歲末抵臺灣居新北投居士林，一九五五年移錫善導寺，一九五七年於士林建金山分院，一九五九年命弟子悟一接任金山分院住持，一九六三年重建分院。一九六八年四月十三日寂於善導寺，世壽七十五。

【慈航】僧　1895～1954

　　慈航大師，誕生於一八九五年，籍隸福建建寧，俗姓艾，號繼榮，父炳元公，清國子監生，母謝氏，系出名門，十一歲母棄世，十七歲父見背，煢然一生，愴懷孤立，遂赴鄰邑泰寧，峨嵋出家，禮自忠和尚為師，是年秋，受具足戒於九江能仁寺，嘗遍禮九華、天台、普陀諸道場，參禪於揚州高旻寺，聽教於諦閑大師，學淨於度厄長老，求學於太虛大師之閩南佛學院，得法於圓瑛法師，兩度閉關，六載閱《藏》，精通教義，弘法不倦，年三十五歲，即任安慶迎江寺住持，三十六歲赴香港、仰光一帶講經，法緣之勝，得未曾有，此後十數年間，足跡遍歷南洋群島及東南亞之間，對佛法弘揚，貢獻至大，一九四八年師年五十四歲，應中壢圓光寺禮聘，由南洋返國，主辦臺灣佛學院，次年駐錫汐止

靜修禪院，四方學者，多來請益，青年僧伽，聞風赴止，聽法者日眾，一九五〇年總統府資政趙恆惕，組織護法會，建築彌勒內院，每日講授《因明》、《唯識》、《楞嚴》、《楞伽》、《攝大乘論》諸經典，至此奔波之勞，方告一段落，五十八歲又作第三度閉關，一九五四年五月六日六十歲圓寂於法華關中，三年後由永久紀念會主任委員道安大師，副主任委員律航、玄光二位法師，總幹事蘇芬等數十人會同舉行開缸，肉身完整，呈玻璃色，五官分明，鬚髮生長，兩手下垂，雙腿盤坐，宛然如生，成為臺灣省保存肉身不壞之第一人。大師生平著述頗多，經永久紀念會編輯遺著十二冊，一百二十餘萬言，名曰《慈航法師全集》流通於世。

【雪峰】僧　?～1957

　　雪峰法師，法名悟全，江蘇寶應縣人，幼年於寶應縣三覺庵依長仁和尚出家。一九二四年在寶華山受具足比丘戒，後參學各大叢林，多住禪堂，澹泊自處，禪心尤深，曾任常州天寧寺執事，負責帳簿收入財錢等事宜。於一九四九年來臺，駐錫基隆靈泉寺，幽居深山，潛修淨業。後因基隆多雨，深山潮濕，乃於一九五六年移居臺北善導寺，親近印順法師。生平放生好施，竭盡心力，對修持精進不懈，圓寂前尤能提起正念、一心念佛，安然而去。一九五七年八月九日圓寂於臺大醫院，後事由徒曾孫演培及唯慈法師負責，八月十二日遺體火化，火化後發現舍利子五六粒。

【知寂】僧　1896～1976

　　知寂法師，字惟定，俗名顧定生，江蘇崇明人氏，一八九六年生。抗戰勝利後常往來上海與崇明島之間經商。一九

四九年攜眷朝禮普陀山，因上海戰亂而隨軍來臺。初服務於
基隆港務局。一九五四年六月靈源法師(1902～1988)來臺創
建十方大覺禪寺於基隆康樂嶺，知寂法師出力甚多。一九五
五年六月正式依靈源法師出家，隨即掩關於山右之茅蓬，人
皆呼「茅蓬和尚」。一九五六年春於臺中寶覺寺受戒，同年其
妻於大覺寺出家。曾任臺灣省佛教分會理事，基隆市佛教支
會理事長，一九七六年圓寂，世壽八十二，僧臘二十二，戒
臘二十一。

【明常】僧　1898～1977

　　明常法師，俗姓陶，法名心鑑，江蘇如皋人氏，早年依
竹筼和尚出家，曾任南京棲霞寺住持，後赴香港任鹿野苑住
持，來臺弘法多年，於臺北創建攝山精舍。一九七七年九月
十二日寂於攝山精舍，世壽八十。

【慧光】尼　?～1980

　　慧光尼師，一九六一年禮賢頓法師出家，一九六二年受
具足戒，一九六四年於士林創建吉祥寺，一九七二年四月在
寺中成立「普門文庫」，一九八〇年九月二十三日捨報，二十
九日茶毗。法臘、僧臘十九，戒臘十八。

【了空】僧　?～1981

　　了空法師，原籍河南徑扶縣人，俗名王
植，高中畢業後投筆從戎，戎馬倥傯轉戰南
北，曾任陸軍官校教官十二年及其他軍中要
職，一九五六年以上校軍階退伍，隨即禮拜臺
北觀音山悟明法師為師，剃度出家，取法名
「聖揚」。同年冬在屏東東山寺求受具足戒，回觀音山任香燈

職務。

了空法師平日僅食一粥一飯，過午不食，數十年來持之以恆，曾在大崗山後的「法華精舍」獨居六年，隨後又在蕃巢、頭份兩地前後閉關二次，前後六年研讀佛教《大正藏》、《中華藏》、《卍字續藏》等，平日嚴持戒律，精修梵行。一九八一年二月圓寂，圓寂前為高雄前鎮大乘寺監院。

【大醒】僧　1900～1952

大醒法師，俗姓袁，江蘇東臺世家，早年畢業於母里師範。一九二四年因讀《憨山夢遊集》而有出塵之志，因從讓之和尚剃度。

法師於整僧護教願力甚宏，揭「新僧」為號召，太虛大師因字「大醒」以勉之。一九二八年春應太虛大師之召至廈門南普陀寺任監院，並主持閩南佛學院。一九三三年冬回武昌佛學院，主編《海潮音》月刊，鼓吹人間佛教，一九三五年赴日考察日本佛教。抗戰勝利後出任中國佛教會整理委員會秘書長職務。一九四六年秋主持奉化雪竇寺，翌年春太虛大師圓寂，師著手《太虛大師全書》之編纂。一九四八年復主編《海潮音》，後因時局不靖，乃奉《海》刊來臺，因任善導寺導師。一九五〇年移錫新竹香山，翌年發起主辦臺灣佛教講習於新竹靈隱寺，一九五二年十二月十三日圓寂。

【道源】僧　1900～1988

道源法師，一九〇〇年十月五日生，河南商水縣人氏，俗姓王。二十歲於同鄉普靜堂依隆品上人出家，法名能信，一九二三年赴湖北漢陽歸元寺依覺清律師受具足戒。一九三〇年師閉關於洪山寶通寺，至一九三三年出關。師曾親近慈

舟、印光、圓瑛等法師，一九四九年受白聖法師之請來臺，住臺北十普寺，一九五〇年春於基隆八堵創建海會寺。歷任臺省多次傳戒戒師，素有「講戒第一」之譽。一九七〇年赴香港接受復仁老和尚轉嗣曹洞宗壽昌下鼓山續派第四十九世。一九八八年四月十六日示寂於海會寺，世壽八十九歲。

【南亭】僧　1900～1982

　　南亭大師，籍隸江蘇泰縣，俗姓吉，年十歲，依智光老和尚剃度出家，一九二四年畢業於安慶仰江寺佛教學校，嘗親近華嚴座主應慈老和尚專研《華嚴》多年，有《華嚴》專家之譽，曾任江蘇泰縣光孝寺住持，及光孝佛學研究社社長及泰縣佛教會會長等職，經常弘法於大江南北，迨至大陸淪陷，乃與其師智光老人相偕來臺，旋於臺北創建華嚴蓮社，更常主辦佛學講座，並以闡揚華嚴法門為主，故時人尊為華嚴宗主，嗣以紀念其師乃與佛友合創智光商工職業學校並出任董事長，中國佛教會在臺復會後，章嘉活佛特聘大師為秘書長。任臺中佛教會館導師，並假該館創辦佛學研究社及掩華嚴關。嘗應中南部各地寺院之敦請，宣講《華嚴》、《般若》諸經，大師畢生慈悲願切，力弘華嚴，嘗為華嚴專宗學院諸生親講大經，並印行《華嚴三經》及《華嚴疏鈔》、《大辭典》等流通結緣。

　　南亭老和尚十歲隨母至營溪觀音禪寺，住持道如長老見而善之，乞為徒孫，自此與佛結緣，研習佛法。南公一生中

得窺典籍之菁華，頗得力於教學相長。抗戰期間和尚以佛教
會主席率各寺院支援軍需，共赴國難。一九四一年來臺，暫
住十普寺，並於一九五二年創設華嚴蓮社率諸信徒講誦大乘
經論。一九七八年蓮社完成財團法人登記，和尚被選為首任
董事長。一九八二年夏初，以感冒風寒感染肺炎，導致心肌
衰竭，終以年事已高，醫藥罔效，於九月三日安詳圓寂。綜
其平生，童真捨俗，獻身佛教，積功累德，沾漑於社會人群
與緇素四者，歷七十餘年，於寶島佛教貢獻良多。

【慧三】僧　1901～1987

慧三法師，北京市人，一九〇一年生，早
年畢業於安徽佛教學院。年十七歲禮資聖寺清
池老和尚出家，十九歲於浙江慈谿五磊山靈山
寺受戒，曾親近諦閑、圓瑛、常惺、應慈、慈
舟、太虛、能海、度厄等佛教高僧。一九四九
年來臺，一九五四年於臺北樹林鎮開創福慧寺，一九六八年
退任，一九八七年十一月往生，世壽八十七，僧臘七十，戒
臘六十八。

【靈源】僧　1902～1988

靈源法師，浙江台州府人氏，俗姓傅，一
九〇二年生。一九三一年赴福建鼓山湧泉寺出
家，由虛雲老和尚代為剃度，序為徒孫，法名
宏妙，字靈源。一九三三年春湧泉寺傳戒，師
即受具足戒。一九四九年奉虛雲老和尚之命代
廣東南華寺住持，因時局不靖，一九五〇年赴香港，住大嶼
山寶蓮寺。一九五四年由港來臺，同年六月於基隆創建十方

大覺寺。一九六四年四月大覺寺首傳三壇大戒，一九六八年十月二傳三壇大戒。一九八八年七月十七日往生，世壽八十七，僧臘五十六，戒臘五十五。師法接臨濟宗五十七代法脈，身後遺有《靈源夢話集》行世。

【樂觀】僧　1902～1987

樂觀法師，俗姓劉，湖北漢陽人氏。十八歲肄業於武昌洋學堂，同年冬入同鄉歸元寺欲出家未果。一九二〇年出家於寶塔觀音寺，禮靈一上人剃度，法號源印，後入章華寺戒堂受戒。一九二一年戒畢入武昌佛學院。一九二四年春遊學日本，翌年夏歸國，易名悲觀，化名劉覺華加入國民黨。一九三七年「七七事變」爆發，接受上海慈聯會之聘，參加僧侶救護工作。一九三八年以抗日救亡改名樂觀。一九五〇年元月國共內戰而抵緬甸，並在緬甸重受比丘戒。在緬期間積極從事國民外交，一九六二年十二月離緬回臺。一九六四年於永和建常樂寺，一九六六年任《海潮音》月刊發行人兼主編，一九七七年卸下編務，一九八七年圓寂，身後遺有《六十年行腳記》、《奮迅集》、《中國佛教近代史論集》行世，享年八十六歲。

【傳放】尼　1902～1991

傳放尼師，新北樹林人氏，一九〇二年生，四十六歲時遇廣欽老和尚剃度出家，外號傳放，內號普量，五十九歲受具足戒。先是在樹林光明寺閱《藏》，後移錫臺北三峽西蓮淨苑，一九九一年往生，世壽八十九，僧臘四十三，戒臘三十。

【隆泉】僧　1902～1973

隆泉法師，江蘇東臺人氏，一九〇二年生，十五歲出家，曾追隨華嚴座主應慈法師研習天台教觀達二十八年，來臺後創建華嚴寺於臺北士林，後因馬路拓寬遭拆除，其徒戒修法師重建法嚴寺於新北新店里仁路。一九七三年二月二十七日圓寂，世壽七十二，僧臘五十七。

【聖一】僧　1902～1994

聖一法師，外號澄寂，俗名過翼運，江蘇無錫人氏，一九〇二年七月二十七日生，俗家在上海經營泰隆麵粉廠。

一九二八年入上海震旦大學，一九三六年泰隆麵粉廠遭日軍炸毀，師遂萌從軍之志，投效陸軍砲校。一九四九年隨軍來臺駐紮高雄，一九五〇年調南投竹山軍官團任營長指揮官。一九五四年底遊香港禮體敬老和尚出家，於九龍青山尸羅精舍剃度。一九六七年八月返臺駐錫樹林東山里四年，一九七一年底創法界精舍於樹林。法師早年皈依悟明法師，獲聖一內號。法師於一九九四年四月十三日圓寂，世壽九十三，僧臘三十五，戒臘二十六，法傳臨濟正宗第二十七世，弟子尚有果文尼師。

【清度】僧　1902～1982

我國旅日清度大法師於一九八二年農曆正月初三在東京往生，世壽八十。法師在世曾任宗教法人亞細亞善鄰佛教會長、東京蓮花院院主、東京大東文化大學講師、中國輔仁大學客座教授、中日書畫學會理事長、香港普世佛聯永久會長、世界華僧大會日本區主席、萬國道德總會名譽理事、人生哲學研究會世界總會顧問、中國文藝界聯誼會顧問、日本上議院議員。

　　法師少年留學日本，後曾派充「滿洲國民政廳長」；祖國抗戰勝利後，在長春市親近道源老法師。來臺後並依道老披剃出家，隨後即往日本。據悉，過去我國數位僧伽留學日本曾獲其照應。

【貢噶】尼　1903～1996

　　貢噶老人，俗名申書文，生於一九〇三年，裔出東北長白之麓，清末皇室端王之孫女，祖籍河北滄縣，出生於北京。十二歲時遇異人授劍道兼道家吐納之法，二十歲於北京法源寺皈依道階老和尚，正式學佛之始。三十七
歲至四川重慶漢藏教理學院，後皈依太虛及虛雲二位大師。三十九歲赴康藏學密，依止貢噶呼圖克圖。四十歲入貢噶山閉關三年，四十三歲至成都弘法二十一天，修紅觀音法，受大灌頂者百餘人，為貢噶老人弘法之始。抗戰勝利後至康定，再轉重慶鶴林寺傳法三天，為其初傳密法之始。一九五八年由港來臺，一九五九年於臺北中和創建貢噶精舍，一九六一年落成。一九六〇年應臺南竹溪寺全妙法師之請至臺南弘法十餘天，一九六九年受聘為臺南重慶寺住持。

　　老人七十歲時復又閉關三年，一九八〇年在紐約見到白教第十六世大寶法王後剃度出家，時年七十八歲。一九九二年於臺南創建貢噶寺，一九九六年三月二十三日達賴來臺時曾親蒞貢噶寺。同年四月十一日往生，世壽九十四。遺體入壇城，三年後開壇做金身。

【濟濤】僧　1904～1978

濟濤法師，俗名梁書香，遼寧省錦縣人氏，諱仁培，字濟濤，一九〇四年生。二十九歲投禮龍江鍾靈寺經一老和尚剃染，一九三五年於哈爾濱極樂寺受具戒。圓戒後歸瀋陽般若寺、青島湛山寺，學習天台教乘。一九四八年赴香港，駐東林念佛堂，後繼弘一大師之志，扶律弘戒，迨定西法師往生後，接任東林念佛堂住持九年，並受倓虛大師法脈，接天台正脈為天台宗四十五代法嗣。教觀總持，紹律南山，教宗天台。一九七一年來臺駐錫埔里觀音山圓通寺，立清規，持戒念佛。一九七三年至一九七五年間應屏東東山寺天機尼師之請結夏安居講比丘尼戒，開臺省講戒之風。一九七八年冬農曆十月十二日遷化，世壽七十五，戒臘四十四夏，身後有《濟濤律師遺集》行世。

【白聖】僧　1904～1989

白聖法師，湖北應城人氏，俗名胡必康，一九〇四年八月十三日生，一九二一年於大香山龍巖和尚座下剃度，同年往安徽九華山祇園寺妙參和尚座下受戒。戒後從度厄法師學教，慈舟律師修禪，智妙和尚習禪。一九三四年於武昌洪山寶通寺閉關三年，嗣畢業於湖北佛學院。復又親近圓瑛和尚習《楞嚴》、來果和尚參禪。

在大陸期間曾任杭州鳳林寺住持、上海靜安寺監院兼佛學院院長、上海楞嚴佛學院教務主任、中國佛教會浙江及上海分會常務理事。一九四九年來臺駐錫於臺北十普寺，積極推動中國佛教會在臺復會，歷任五屆理事長，主持三壇大戒，

領導中佛會前後達三十年之久。

一九六六年與錫、印、緬、泰、越等僧人，共同創辦「世界佛教僧伽會」。曾任世界佛教僧伽會會長、世界佛教華僧會主席團主席兼秘書長、中佛會名譽理事長、中國國民黨中央評議委員，一九八九年四月三日圓寂於臺北臨濟寺，世壽八十六歲，戒臘六十九。

【仁隆】僧　1905～1978

仁隆法師，臺中人氏，一九〇四年生，一九二一年六月十九日於臺中南屯壹善堂皈依三寶。日據時期創設龍華會豐原支部，以求豐原及鄰近鄉鎮之寺院脫離日化之控制，並創立正覺出版社，發行《臺灣佛教大觀》。一九七一年十二月自公務退休後，即於慈龍寺祝髮出家，同年受戒於屏東東山寺，師承道源法師。一九七八年十月圓寂。

【默如】僧　1906～1991

默如法師，江蘇東臺人，一九〇六年七月二日生，俗姓吳，世代營商。十歲時與蘊古老人同舟至如來庵出家為沙彌，為蘊古老人徒孫，法號能誠，字默如，在庵中沙彌十年。二十歲圓具大戒，後二年先後住揚州長生寺、高旻寺、鎮江超岸寺、上海三昧庵、報恩寺、護國寺、寧波七塔寺、觀宗寺、普陀山前後寺、佛頂山、洛伽山等寺參屬有年。

二十二歲入常熟法界學院肄業一年，二十三歲入杭州師範僧學院半年，轉入閩南佛學院二年。三十歲住常州天寧寺十三年，一九四九年來臺時四十四歲。來臺後主要在北部教

學講經，一九八九年由新文豐出版社出版《默如叢書》。法嗣
臨濟正宗寶巖堂第四十四世，於臺北市開山創建法雲寺，一
九九一年六月二十一日圓寂，世壽八十六，僧臘七十八，戒
臘六十八。

【盛雲】僧　1906～1991

　　盛雲法師，俗姓陳，祖籍福建福鼎縣，一
九〇六年生，一九二三年於浙江南海普陀山鶴
鳴庵禮清嚴法師出家，法名印覺。一九二五年
至寧波天童寺受具足戒，翌年於寺中禪堂潛修
一年，一九二七年隨師公廣通老和尚往馬來西
亞吉隆坡，於觀音亭助理二載，一九二九年回國至江蘇常州
天寧寺住學戒堂一期。一九三〇年於廈門南普陀寺遇臺北觀
音山宏妙法師相邀來臺。師來臺駐錫觀音山凌雲禪寺任維那，
時副寺為覺淨法師。一九三六年被聘至基隆慈雲寺任住持，
一住十載，原欲返鄉禮祖，時國府撤退來臺而無法成行。一
九四八年於臺北市赤峰街，創建聖觀寺，派屬臨濟宗，曾任
臺北市佛教會理事長。一九九一年四月十五日圓寂，世壽八
十六，僧臘七十，戒臘六十七。

【宣化】僧　1906～1995

　　宣化法師，原籍吉林省雙城縣，一九四八年蒙虛雲老和
尚傳法，為溈仰宗第九代傳人。一九六二年起駐錫香港十數
年，後赴美弘法，宣講大乘經典三十多會，譯成英語及其他
語言之開示及經文逾百部，一生以《楞嚴經》為修習經典，
時常往來臺灣，並在臺灣設有道場及法界印經會，是美國萬
佛城開山，一九九五年六月七日下午於美國洛杉磯圓寂，享

年九十歲。

【印順】僧　1906～2005　　　　再版增列

　　印順法師，俗名張鹿芹，浙江杭州府海寧人，一九三〇年農曆十月十一日，於浙江普陀山福泉庵禮清念老和尚出家，外號印順，內號盛正。同年受戒於寧波天童寺。

　　一九三一年二月，至廈門南普陀寺閩南佛學院講學；一九三二年，於浙江普陀山慧濟寺閱藏三年；一九三八年，赴漢藏教理院講授中觀學，結識藏密大師法尊法師，並協助法尊翻譯《菩提道次第廣論》、《密宗道次第廣論》。

　　一九四一年，演培法師銜太虛法師之命，前往四川合江創辦法王學院，禮請印順法師為導師，後改任院長，「印順導師」之名即因此而來。

　　一九四七年，太虛法師逝後，出任《太虛大師全書》主編，翌年四月完成；一九四八年，於廈門南普陀寺，創立大覺講社，後因戰亂停辦；一九四九年，移居香港進行《太虛大師全書》校刊出版，並出版《佛法概論》（原名《阿含講要》）。

　　一九五二年因世界佛教友誼會在日本召開，被李子寬禮請來臺，一九五三年於新竹創建福嚴精舍，一九六〇年再創慧日講堂於臺北市。

　　印順法師著作等身，為近代中國佛教思想家，其中以一九六九年收集歷年著作成書的《妙雲集》最膾炙人口，一九七三年更以《中國禪宗史》一書，獲頒日本大正大學博士學位，為中國比丘界首位博士僧。因其思想、學養而有「玄奘

以來第一人」之響。

二〇〇五年六月四日，圓寂於花蓮慈濟醫院，世壽一〇一歲，僧臘、戒臘七十五夏。

【道安】僧　1907～1977

道安法師，一九〇七年十一月十七日生，俗姓傅，湖南祈陽縣人氏。一九二六年於同鄉岐山佛國寺依常悟老和尚剃度，後於仁瑞寺參研教典三年。一九三〇年閉關於南嶽衡山之祝融峰，一九三一年七月入南嶽祝聖寺佛學院，
一九三四年赴廣西弘法，一九三五年正月任南嶽佛學院教席。一九四〇年師當選為中國佛教會廣西省分會理事長，同年十二月創辦《獅子吼》月刊。一九四五年九月抗戰勝利，師任中佛會整理委員，翌年五月應虛雲老和尚之請於廣州南華寺創辦「南華戒學院」。一九四七年元月師接南嶽祝聖寺住持，並兼佛學院院長。一九四九年七月赴香港，一九五三年二月抵臺。來臺後駐錫汐止靜修禪院，主持靜修佛學院及彌勒內院教務。一九五七年於臺北松山區創建松山寺，一九六〇年任善導寺住持，一九六二年《獅子吼》雜誌在臺復刊，一九七一年任玄奘寺住持，一九七七年初圓寂，世壽七十一，身後有《二力室文集》、《中國大藏經翻譯刻印史》、《中國佛教通史》等。

【明田】僧　1908～1995

明田法師，俗姓林，廣東嶺南人，早歲投身軍旅，抗戰之役，曾參與陳誠將軍所統率之遠征軍，協同盟軍作戰有功，官至少將。來臺後，轉任聯勤總部諸要職，而學佛亦益見虔

誠。一九五四年，於獅頭山元光寺受在家菩薩
戒，一九六一年投禮白聖長老座下披剃出家。
出家後，擔任臨濟寺副寺、監院，並於一九八
三年獲白聖法師的器重，晉山陞座擔任住持。
法師任臨濟寺住持十多年來，積極擴建殿堂、
寮房，使寺貌煥然一新。老法師生性剛正耿直，自出家以來，
竭盡身心奉獻於臨濟寺，亦歷任中國佛教會理監事之職，為
佛教貢獻至鉅。

　　一九九五年五月十六日於廣東蕉嶺示寂，世壽八十七，
戒臘三十五。

【慧峰】僧　1909～1973

　　慧峰法師，一九〇九年生於東北哈爾濱，
祖籍河北灤縣。一九三八年禮慶一和尚出家，
法名仁孝，翌年春於哈爾濱極樂寺倓虛法師座
下受具足戒，後畢業於青島湛山佛學院，並於
般若寺及湛山寺等佛學院任教多年。一九四八
年來臺，曾卓錫於基隆月眉山靈泉寺及獅頭山元光寺。一九
五一年正式卓錫臺南，創建湛然精舍（後更名湛然寺）。一九
五八年春於大崗山東麓建法華精舍，一九七三年十二月八日
圓寂，世壽六十五，僧臘三十六，戒臘三十五。

【戒德】僧　1909～2011　　　再版增列

　　戒德法師，祖籍江蘇江都。一九二三年，
於江蘇江都市邵伯鎮福善寺依智文、朗文二位
和尚披剃，法名印宗，字戒德，號天成。一九
二六年春受戒於南京寶華山，安居二夏，嚴修

毗尼。後入常熟興福寺法界學院、杭州僧師範學院、廈門南普陀閩南佛學院學習，與印順、東初法師同學。

一九四九年來臺，為證蓮法師籌建竹林精舍，與默如法師創建法雲寺於臺北，後購新店元一齋堂創妙法寺。

一九八八年六月，和佛聲法師護送證蓮舍利回常熟虞山。一九九〇年冬，天寧寺傳授三壇大戒，師任羯摩阿闍黎。一九九七年，將新店妙法寺交給祖庭天寧寺管理。

法師對唯識及因明學頗有研究，尤擅梵唄，亦是瑜伽焰口、水陸法會、傳戒儀軌專家。其唱念繼承天寧寺及寶華山梵唄的傳統，曾錄製《常州天寧寺唱誦》唱片六集和《南京寶華山大板焰口卡帶》全套。

二〇一一年五月二十一日示寂。世壽一〇三歲，僧臘八十九秋，戒臘八十六夏。

【東初】僧　1907～1977

東初法師，俗姓范，江蘇泰縣曲塘鎮人氏，一九〇七年農曆九月二十二日生。十三歲依止同縣江堰鎮觀音庵靜禪和尚出家，一九二七年受戒於寶華山隆昌寺。一九二八年入安徽九華山佛學院，一九三一年入鎮江竹林寺佛學院，後入廈門閩南佛學院。

一九四六年春任焦山佛學院院長，一九四七年冬退居。一九四九年來臺住善導寺，同年五月創辦《人生》月刊，十二月掩關於北投法藏寺，一九五三年十二月出關。一九五五年於北投建中華佛教文化館，籌備影印《大藏經》全島推廣，一九五九年《藏》百冊影印完畢。一九六五年創辦《佛教文

化》季刊，一九七七年十二月十五日寂於佛教文化館，身後有《佛法真義》、《禪學真義》、《中國佛教近代史》等書行世，世壽七十一。

【續祥】僧　1909～1973

續祥法師，一九〇九年生，湖北漢川縣人氏，俗名李野萍。十三歲依心波和尚出家，同年冬於漢川廣福禪寺度銓禪師座下受戒。一九四五年持松、慧宗傳華嚴宗月霞法師法脈於師。一九五三年來臺初任十普寺監院，一九六二年於臺北樹林創吉祥寺。一九七三年十月六日因車禍圓寂，享年六十五歲，僧臘五十三，戒臘五十三。

【廣善】僧　1910～1993

廣善法師，俗名李是善，別號振迦，湖南永興縣人氏，一九一〇年生。一九四九年來臺，一九六〇年投律航法師座下出家，一九六一年於基隆海會寺受具足戒，曾任慧日講堂、同淨蘭若、松山寺及福嚴精舍等道場監院、住持，前後凡二十五年，一九九三年三月二十九日圓寂，世壽八十四，僧臘三十四秋，戒臘三十三夏。

【道敬】尼　1914～1980

道敬尼師，俗名王家閭，一九八〇年農曆三月二十六日圓寂，世壽六十七歲，籍貫東北瀋陽縣人，師範學校畢業，當過老師，一九四七年到臺灣來，曾在臺中大里地政事務所服務，一九六〇年臺中慈善寺帶髮出家素食生活，經住持振光法師開示佛理，長齋念佛，一九六九年皈依樂果老和尚，剃度出家，在基隆海會寺受具足戒，後至埔里佛光寺擔任知

客師。

【甘珠爾瓦】僧　1914～1978

十七世甘珠佛爺，一九一四年農曆閏五月二十三日生於青海廣惠寺附近，三歲出家於廣惠寺，名曰昂翁羅桑丹彼尼瑪，號圓通善慧甘珠爾瓦默爾根呼圖克圖，為內蒙政教領袖。一九三三年畢業於內蒙五當召廣覺寺佛教大學。「甘珠」二字原為清康熙皇帝之封號，此後轉世均名為「甘珠爾瓦默爾根諾們汗」，為蒙古音譯，中文意譯為「興教善知聰明靈感法王」。

一九四九年隨國府來臺，一九五二年奉令環島佈教，一九七八年六月圓寂於新店甘珠精舍，生前曾任中國佛教會理事長、名譽理事長等職。

【月基】僧　1914～1987

月基法師，字大本，筆名憨僧，江蘇江都人，俗姓王，一九一四年生，十歲投東臺慶隆庵，依松彩和尚出家。十二歲入「啟慧佛學院」求法。十八歲於鎮江焦山定慧寺受戒，時一九三一年，並在該山參學五期。一九三三年秋往廣東嶺東佛學院攻讀，畢業後，旋往福建閩南佛學院深造。一九三七年任南京攝山棲霞律學院教務主任，一九三九年冬，任棲霞寺監院，一九四六年春，任南京富貴山香林寺住持，南京市佛教分會常務理事。一九四七年春，任宗仰中學董事，是年秋，任普德中學董事。一九四九年二月卓錫香港鹿野苑閱《藏》七載，一九五六年春入臺，任宜蘭念佛會

導師，同年夏，選任高雄佛教講堂任住持等職。一九六〇年創建高雄棲霞精舍，一九八五年重建，老和尚世緣已滿，於一九八七年八月三十一日安詳示寂，世壽七十有四，僧臘六十五，戒臘五十五。

【成一】僧　1914～2011　　　　再版增列

　　成一法師，江蘇泰縣東鄉人氏（係現海安縣孫莊鎮），一九一四年農曆二月二十八日生，俗名王汝康，字仲義。十三歲於同鄉營溪觀音禪寺禮春遠和尚出家，法號乘一（讀中醫學院時改名成一），名覺因，別號壽民。

　　一九三六年二月入光孝寺佛學院就讀。一九四一年，赴上海考取「新中國醫學院」，後轉入「上海中醫學院」，前後學習六年，於一九四七年畢業。一九四八年秋，與佛學院業師張少齊來臺，於成都路經營「覺世圖書文具社」。一九五二年二月，南亭和尚於臺北市新生南路購建華嚴蓮社，一九五九年正月，接任蓮社監院。一九六二年，於桃園大溪創建僑愛講堂；一九六三年三月智老圓寂，成一思以辦學紀念先祖師，與星雲法師等於一九六四年八月創辦「智光商業職業學校」。

　　一九七二年三月出任華嚴蓮社住持。一九七五年八月，創辦華嚴專宗學院。一九八二年九月，接任智光商職董事長。

　　一九八八年九月，重建泰州光孝寺。一九九四年起復建其出家道場營溪海安觀音禪寺；一九九六年十一月，光孝寺大殿重建落成；一九九七年十月，觀音禪寺落成。

　　二〇一一年四月二十七日，寂於光孝寺，世壽九十八，

僧臘八十五，戒臘七十二夏。

【法通】尼　1915～1989

　　法通尼師，吉林省四平市人，一九一五年生，二十二歲畢業於熱河省朝陽縣鳳儀女子師範學校，執教於密山縣七年。二十九歲辭去教職，禮牡丹江市寂靜法師出家，一九四七年在長春般若寺依倓虛老和尚受具足戒。一九四八年與師弟諦通隨寂靜法師行腳參訪峨嵋山，繼而由雲南到緬甸仰光禮大金塔，後留在仰光閱《藏》、創辦佛學院，前後凡十餘年。一九六三年緬甸政變排華，法通尼師經香港到臺灣，駐錫高雄岡山法華精舍，數年後另創三聚精舍於阿蓮鄉。一九七八年赴美弘法，任大覺寺住持，三年任滿另創慈音寺於法拉盛。一九八九年圓寂，世壽七十五，僧臘四十六夏，戒臘四十三。

【懺雲】僧　1915～2004　　　　再版增列

　　懺雲法師，俗曹名會汶，一九一五年生，祖籍遼寧安東（今「丹東」）。就讀中學期間適日軍侵占東北，加之父親罹病而輟學，及赴日留學，亦因父病勢返國業。二十五歲，因聽了因法師說法而皈依。二十六歲隨修緣老和尚受五戒。三〇歲入周叔迦創辦之中國佛教學院，同年禮澍培法師披剃，法名成空，號心月。一九四四年於廣濟寺受大戒。後親近倓虛、慈舟等法師。

　　一九四九年八月下旬抵臺，時年三十五歲。三十六歲至四十一歲期間於南北各地參學，四十二歲於南投埔里觀音山搭建印弘茅篷閉關，四十九歲，偕弟子性因至南投水里開創蓮因寺。一九六六年起，緣中部大專學生因緣，開辦齋戒學

會，數十年不輟，影響臺灣佛教重大。二〇〇一年，於埔里成立女眾道場蓮音學苑。

二〇〇九年三月七日，寂於蓮因寺方丈寮安，世壽九十五，僧臘六十四載，戒臘六十四夏。

【演培】僧　1917～1996

演培法師，俗姓李，原籍江蘇省江都邵伯鎮人，十三歲於同省高郵臨澤鎮福田庵禮常善和尚出家，十八歲受戒於寶應福壽律院。翌年負笈觀宗弘法社求法，後入太虛大師主辦之閩南佛學院及重慶縉雲山漢藏教理院深造。抗戰勝利後，任上海佛學院、杭州武林佛學院、廈門大覺講舍教席。

一九四九年移居香港編印《太虛大師全書》，一九五二年受聘來臺，任臺灣佛教講習會教務主任。演培法師在臺期間，曾任善導寺住持、玄奘寺住持、新竹福嚴精舍住持等職。嗣後赴新加坡弘法凡三十餘年，一九九六年十一月十一日圓寂於新加坡福慧講堂，世壽八十，僧臘六十八，戒臘六十三載，舍利送新竹福嚴精舍入塔安座。

【白雲】僧　1915～2011　　　再版增列

白雲法師，一九一五年生，原籍北平。七歲於湖南益陽浮丘山之雷音寺虛因禪師座下出家。後入天岳山沙彌園，再入志成學堂，一九三五年畢業於湖南大學中文系的同時，於湖北漢陽歸元寺受具足戒。一九四八年入軍旅，後隨軍來臺，十年間歷任通訊官、參謀、排連長、教官等職，官拜少校。一九五九年秋退役。一九六〇年，虛因和尚從緬甸來臺付法，一九六一年至一九七〇年期間四處行腳、講學，其間於一九

六六年創辦大智佛學苑。一九七一年卓錫彰化大城鄉古巖禪寺。一九七六年五月，大智佛學苑研究所更名為「佛陀學術研究院」。一九七九年十月，研究院遷至臺南關廟千佛山菩提寺，再更名為「千佛山佛陀學術研究院」。

二〇一一年五月十八日圓寂於菩提寺，世壽九十七，僧臘九十二載，戒臘七十七夏。

【聖開】僧　1918〜1996

聖開法師，一九一八年元月十八日生，祖籍黔北，早年畢業於浙江大學文史系，一九四七年來臺，一九六七年依北投中華佛教文化館東初法師出家，同年受戒於臺中慈明寺。

一九七六年駐錫臺北般若佛學舍，並成立出版社，一九七九年於南投魚池鄉開山創建慈光山首座道場人乘寺，同年又成立「人乘佛刊雜誌社」，一九八二年成立「慈光山僧團」，一九八三年成立「人乘佛教世界中心」於美國，在臺灣各地分支道場約二十處。曾任中國佛教會第九、十屆理事，平時勤於筆耕，主要著作有《法雨繽紛》等數十種。自一九八四年起僧團每年年底皆於埔里鎮舉行托缽，所得款項全數捐贈當地鎮公所作冬令救濟之用。

一九九六年春後赴美，同年八月四日寂於美國，法嗣臨濟宗，世壽七十九，僧、戒臘俱二十九。

【慈靄】僧　1918〜1997

慈靄法師，江蘇人氏，俗姓申，一九二六年於江蘇省東臺縣如來庵出家為沙彌，法名仁立，號慈靄，由曾祖蘊谷老人訓育成人，驅烏十載，二十歲時依默如法師披剃，二十三

歲駐金山寺禪堂，垂二年任首領書記，二十九歲遇法度法師，任上海普濟寺監院。一九四九年渡海來臺駐臺中寶覺寺，後遷高雄龍泉寺。一九五九年應高雄大社鄉觀音山大覺寺（翠屏岩）之請駐錫該寺，後於同年九月十六日擴建寺院，歷三載而成，對大覺寺之中興出力甚巨。一九九七年六月十六日圓寂，世壽八十，僧臘七十一，戒臘六十。

【煮雲】僧　1919～1986

煮雲法師，江蘇如皋縣人氏，一九一九年二月生，俗名許秀明。二十一歲時於如皋城北之惠明寺依參明老和尚出家，法名實泉，字醒世，號煮雲。一九四一年正月赴南京棲霞山受戒，一九四四年正月考取焦山佛學院，一九四五年春入上海圓明講堂「楞嚴專宗佛學院」親近圓瑛法師。一九四九年國共內戰，師入國軍之「醫護人員訓練班」。一九五〇年四月隨國軍七十一師三十三醫院來臺，來臺後於臺中后里陸軍第五十四醫院任看護兵期間，大力推動軍中佈教。一九五四年三月除役恢復出家人身分，並往東臺灣弘法。一九六七年鳳山佛教蓮社落成，一九七二年農曆二月正式創辦精進佛七於臺東清覺寺，一九八二年與弟子慧顯法師創建清涼寺於臺中縣太平鄉。一九八六年農曆七月圓寂，世壽六十八，僧臘四十八，戒臘四十六。

【續明】僧　1918～1966

續明法師，河北省人，一九一八年生，法師童年出家，德學兼優，曾受西安興教寺妙闊老法師、開封鐵塔寺淨嚴老

法師之器重付法。抗戰期間就讀於四川漢藏教理院，並曾被派去西康求法。勝利後追隨印順法師在浙江奉化雪竇寺編輯《太虛大師全書》。一九四九年抵香港負責全書之校對事宜，一九五三年來臺，主編《海潮音》月刊二年，嗣掩關於新竹，三年期滿主持「靈隱佛學院」，一九五九年任新竹福嚴精舍住持並主辦「福嚴學舍」。一九六六年春遊歷東南亞諸國，近以出席錫蘭佛教僧伽大會，順道赴印度朝聖，不幸圓寂，世壽四十八。

【淨念】僧　1920～1976

　　淨念法師，河北行唐人，早歲皈依佛門，曾住蘇州之靈巖山，並曾親近慈舟老法師精研戒律，一九四九年春來臺，一九五〇年結茅於高雄大崗山麓，行修律淨，一九五一年被聘為崗復村光德寺住持，仍是苦修苦作，一九五七年創建東林茅蓬，提倡淨律雙修，一九六五年應眾信徒請求下在臺南永康東大灣新建道場，即今之淨土寺。法師駐錫臺南，常為各地戒壇擔任重要任務，一九七一年更應韓國佛教界邀請赴韓國傳戒，領導戒眾讀頌戒文，由韓國和尚譯成韓語。

　　淨念法師示寂，雖係患不治之腸癌，但法師平日念佛功夫使臨終時猶端坐正念，如入禪定，於一九七六年農曆十一月七日在眾多弟子善信念佛聲中安詳往生。

【性梵】僧　1920～1997

　　性梵法師，俗名黃名奎，字友明，福建永定縣峰市鄉人氏，一九二〇年十月七日生。陸軍官校十六期畢業，來臺不

久退伍，先於基隆開設自由書局，專營佛教典籍，後皈依慈航法師，法號慈萬，三十五歲於獅頭山受在家菩薩戒。四十二歲時於苗栗靈峰蘭若寺依會性法師出家，法號振慈，字性梵，翌年春於臺北臨濟寺受戒。五十四歲受聘任臺北慧日講堂住持三年，一九七七年任新竹福嚴精舍住持五年，一九八二年受聘為三峽佛教淨業林住持，未幾至南投埔里善天寺及祥林精舍閉關，六十四歲時駐錫南投鹿谷淨律寺，越一年任淨律學佛院副院長之職。一九九一年於南投魚池妙音精舍閉關一年，一九九七年二月二十一日移錫新竹福嚴精舍，預知時至，於三月三日立遺囑，四月十一日酉時右脅而臥，安詳往生。世壽七十八，僧臘三十六，戒臘三十七夏。

【瑞麟】僧　1921～1989

瑞麟法師，俗名邱位法，字振光，福建寧化人，一九二一年生，十三歲出家，於福建寧化縣南山禪寺依明清和尚出家，十五歲受具足戒於同省建甌縣光孝寺，旋參學於福建鼓山湧泉寺、杭州靈隱寺。一九四九年從軍來臺，卸下僧服十餘年，於一九六三年退役後在臺北觀音山凌雲寺重新出家，一九六六年受戒於臺北臨濟寺，戒後在南投蓮光寺廣明法師的介紹下，前來臺東佛教蓮社住持。一九七〇年五月重建蓮社，一九七一年完成。一九八九年七月十八日圓寂於蓮社，世壽六十九，僧臘五十五，戒臘二十三。

【妙然】僧　1922～1997

妙然法師，字悟玄，江蘇泰縣光孝寺法派，名瑞清，筆名華嚴關主，江蘇泰縣人氏，俗名孫春潤。一九三一年於覺

海寺禮大乘上人出家，小學卒業後入泰縣光孝
寺佛學院。一九四一年秋入金山江天寺參學，
後入上海靜安佛學院任教務兼副寺。一九四八
年來臺駐錫十普寺，一九五〇年受聘為北投居
士林住持，其間供養焦山智光、天寧證蓮、金
山太滄三大長老。一九五五年七月掩關，一九五八年滿三年
出關，與廣慈、悟一、星雲、演培、成一諸師創《今日佛教》
雜誌。一九七二年任智光商工副校長，一九七六年接辦《海
潮音》月刊任發行人，一九八七年任善導寺董事長。一九九
七年六月三日示寂，世壽七十六，僧臘六十六，戒臘五十七，
法臘三十三。

【妙蓮】僧　1922～2008　　再版增列

妙蓮法師，一九二二年生，祖籍安徽巢縣，
九歲出家，一九四一年於南京大寶華山隆昌寺
受具足戒，戒後參學於印光法師之蘇州靈巖山
寺。一九四九年，避難香港後掩關於大嶼山及
青山。二十年閉關期間曾修「般舟三昧」十次。

　　一九八一年來臺，於各處宣導淨土法門，一九八四年法
於南投埔里鎮，創建臺灣靈巖山寺。一九九六年元月靈巖山
寺舉行大殿落成開光。一九九九年「九二一大地震」，時妙蓮
法師弘法於美國，靈巖山寺幾乎全毀，寺眾亦疏散至外處。
近年陸續重建中。法師逢人即勸修念佛而有「淨土慈航」
之譽。

　　二〇〇八年六月二十五日圓寂，世壽八十七，僧臘七十
七載，戒臘六十五夏。

【雲霞】僧 1923～1996

雲霞法師，字法雨，江蘇如皋人，一九二三年十一月三日生，俗姓崔。十四歲出家，依同邑城內定慧寺之性容法師出家，一九四二年冬赴南京寶華山受戒，戒滿入焦山佛學院就讀，一九四四年轉上海玉佛寺佛學院。一九四五年得蘇州圓通寺紹三老法師之法，一九四九年五月來臺居十普寺，後雲水掛單，一九五四年駐錫善導寺，一九七八年被聘為《海潮音》月刊社長至一九八八年。一九七八年助印海法師於美國洛杉磯創建法印寺，時常往來美、臺兩地。一九九六年二月二十日圓寂，世壽七十三，僧臘五十九，戒臘五十三，法臘四十八。

【宏慈】僧 1924～1995

宏慈法師，一九二四年農曆九月十九日生於江蘇江都縣仙女廟鎮，一九四〇年十七歲依句容縣高資鎮古香山界海和尚披剃，一九四四年春於南京寶華山隆昌寺受具足大戒，法承臨濟正宗第二十五世，為新北新店慈航寺開山住持，一九九五年七月二十三日寂於寺中，世壽七十二，僧臘五十五夏，戒臘五十一夏。

【清嚴】僧 1924～1970

清嚴法師，湖北隨邑南鄉人氏，俗姓葉，名興華，一九二四年農曆十二月十八日生。十二歲時投禮同鄉黃陂古潭寺聖祥老和尚出家，法名果華，字清嚴。一九四一年於湖北漢陽歸元寺受戒。一九四九年間避難入香港東普陀寺，前後駐錫五年。一九五四年來臺駐十普寺，一九五七年

南下嘉義創建小靈山永明寺。一九六一年北上臺北新店創建海藏寺，一九七〇年三月二十五日圓寂。寂後坐缸近六年，一九七六年元月起缸，肉身完好，為臺灣第二尊肉身成道者，肉身現藏於新店海藏寺。

【敬德】尼　1924～1991

　　敬德尼師，號欽道，俗名林菊，新北人氏，早年曾於塔寮迴龍寺帶髮修行。一九四九年慧三法師至新竹南門本願寺講唯識，促成日後出家因緣。一九四六年遂在慧三法師座下出家，同年受戒於屏東東山寺，後北返協助慧三法師創建臺北樹林福慧寺，一九八一年寺院竣工。慧三法師圓寂後繼任為福慧寺第二任住持。一九九一年九月九日圓寂，世壽六十八，僧臘、戒臘俱三十五夏。

【廣化】僧　1924～1996

　　廣化法師，江西省南康市人，俗名彭華元，一九二四年二月十日生。江西贛縣中學高中部畢業後投筆從戎。一九五七年因病入院感悟人生無常，退伍後投臺中慈善寺律航法師出家，一九五九年受戒於臺北十普寺，同年於臺東創建佛教蓮社，一九六〇年回慈善寺住持三年，後任靈隱佛學院教務主任，一九六一年駐錫臺中南普陀寺，後改為南普陀佛學院。一九七四年於臺北創辦東山佛學院。一九八八年任臺中南普陀寺住持，連辦五屆佛學院，一九九六年六月七日往生，世壽七十三，僧臘三十九，戒臘三十五，身後有《沙彌律儀要略集註》、《戒學淺談》、《五戒相經箋要集註》

等書行世。

【振光】僧　1925～1989

振光法師，字廣輝，俗名許金輝，湖南岳陽人氏，一九二五年農曆正月二十八日生，青年從軍，一九四九年隨軍來臺。退役後於一九五五年九月依律航法師披剃於豐原慈光寺，同年於臺中寶覺寺受具足戒。後於臺中二份埔見一齋教慈善堂，乃發心整建，並禮請律航法師為首任住持，圓寂後復聘廣化法師為第二任住持，振光法師為第三任。

振光法師為整建慈善堂（後更名為慈善寺）發願剌血寫經，一九六五年二月及一九七一年九月各燃一指供佛。法承曹洞宗第四十九世，一九八九年十月二十九日圓寂，世壽六十四，僧、戒臘俱三十三。

【振賢】尼　1925～1988

振賢尼師，字廣修，屏東麟洛人氏，一九二五年生。光復後畢業於新竹青草湖靈隱佛學院，一九五四年禮律航法師剃度，同年受戒於獅頭山元光寺，一九六一年任臺中慈善寺監院，輔助振光法師有功，後於臺中太平鄉創建佛恩寺任住持，一九八八年十二月二十五日圓寂。法嗣曹洞宗四十九世，世壽六十四，僧、戒臘俱為三十四。

【戒視】僧　1925～1979

戒視法師，號靜嚴，原籍江蘇泰興，俗姓趙，生於一九二五年六月二十七日，一九三五年，時齡十一捨俗出家，皈依鎮江猛將軍廟淨安、淨順兩位法師，一九四七年春受具足戒於寶華山隆昌寺，旋即就讀於江蘇常州（武進）名剎天寧

寺佛學院，一九四九年春因國共內戰來臺，初駐新北汐止彌勒內院，依止慈航菩薩參學，一九六〇年駐錫臺北首剎善導寺，歷任維那、書記、知客、寺務主任；並膺選為該寺第七屆董事會董事。一九七九年六月間偶感不適，延醫診治，迄九月二十六日下午五時許，終因藥石罔效，圓寂於臺北市中心診所，享年五十五歲。

【明藏】僧　1926～?

明藏法師，貴州省三穗縣人氏，一九二六年生，曾任中國佛教會理監事及重建大陸佛教設計委員會設計委員。來臺後曾血書《普門品》，木刻《阿彌陀經》，一九六八年六月晉山新竹北埔金剛寺為第五代住持。

【日慧】僧　1926～2008　　　再版增列

日慧法師，祖籍湖北陽新縣，一九二六年六月生。早年畢業於武昌大學中文系，後隨軍旅避難來臺。一九六六年退役後禮本明和尚出家，翌年於基隆八堵海會寺受大戒。

法師精通大乘經教與部派、中觀、唯識論典。廣教禪法、華嚴經、般若經典與四部宗義，著有《佛教四大部派宗義講釋》、《華嚴法海微波》、《禪七講話》、《金剛經箋註·般若心經略說合刊本》等書，生前住持苗栗頭屋鄉觀自在蘭若。

二〇〇八年六月示寂，世壽八十三，僧臘四十二載，戒臘四十一夏。

【佛禪】僧　1927～1992

佛禪法師，一九二七年生，抗日期間曾參加十萬青年軍行列，半生戎馬，一九四九年部隊移駐臺灣，退伍後於一九五九年禮惠光法師剃度出家，在臺北十普寺受具足戒，一九

六〇年至一九六四年學習並畢業於中國佛教研究所，後於臺北北投大屯山中正峰自修三年。一九六六年惠光染沈痾，回屏東鐵爐寺奉師，一九六七年惠光法師圓寂，繼師志續建鐵爐寺。法師歷任中國佛教雲南省代表、中佛會光復大陸佛教設計委員，以及屏東縣佛教支會監事等職，一九九二年八月圓寂，世壽六十六，僧臘、戒臘俱三十三。

【源靈】僧　1928～2012　　　　　再版增列

源靈法師，一九二八年二月生，今新北市永和區溪州人，俗名陳進財。一九四一年，往日本島根縣永明寺所附屬「覺皇學園」求學。後因太平洋戰爭爆發於一九四四年八月暑假回臺。

一九四八年，二十一歲，源靈法師結婚後仍住東和禪寺，並以趕經懺維生。

一九八七年七月源靈法師回東和禪寺住持，同年農曆十月一日，參加由中國佛教會在臨濟寺傳授三壇大戒。一九八八年五月十日，正式源靈法師晉任東和禪寺第三任住持，重興東和禪寺。一九九一年九月二十九日禮大陸浙江天童寺住持明暘和尚為師，接中國曹洞宗法脈，為曹洞宗第四十八代，譜名（法號）「復靈」。

一九九八年，購入位於今新北市石門區的一處正在興建的道場，改建成「曹洞宗臺北別院」。翌年十月九日，臺北別院舉行落成開光安座，傳授在家五戒菩薩戒外。

二〇一三年一月十一日，寂於東和禪寺丈室，戒臘二十六夏，僧臘七十三秋，世壽八十六。

【性如】僧　1928～1985

　　性如法師，江蘇如皋人氏，十四歲出家，二十一歲受戒。來臺後曾任《人生》雜誌主編、中國佛教會理事、北投普濟寺住持，一九八五年十一月二十六日圓寂，世壽五十八，僧臘四十五，戒臘三十八。

【悟量】僧　1928～1995

　　悟量法師，俗姓鄭，一九二八年生，廣東豐順人氏，十七歲時投身軍旅，隻身來臺，勤學苦讀考上法院書記官。一九八一年於高雄日月禪寺受在家菩薩戒，一九八八年於南投水里蓮因寺靜修九個月，乃萌出世之願，一九八九年在淨心法師座下披度，隔年受具足戒。

　　曾擔任臺灣省佛教會總幹事、中國佛教會秘書長，一九九五年初卸下秘書長一職往員林蓮社靜修，八月十四日圓寂，世壽六十七，戒臘五。

【殊度】尼　1928～1996

　　殊度尼師，宜蘭頭城人氏，一九二八年生，俗名王鳳蘭，一九六一年禮成一法師出家，法號了智，一九六二年受戒於臺北慈雲寺，並就讀於慈雲佛學院。一九六九年受聘為宜蘭頭城蓮光寺住持，後又駐錫礁溪妙釋寺，一九九六年五月十二日圓寂，由成一法師主持。殊度尼師世壽六十八，戒臘三十四。

【道成】僧　1930～1997

　　道成法師，山東省平廈縣人氏，一九三○年六月四日生，隨軍來臺，退伍後於一九七六年五月九日於南投埔里佛光寺

禮樂果老和尚披剃出家，一九七七年於高雄佛光山受具足戒。生前曾任埔里佛光寺管理人，一九九七年八月五日圓寂於臺中榮民總醫院，世壽六十八，僧臘二十一，戒臘二十夏。

【聖嚴】僧　1930～2009　　　　再版增列

聖嚴法師，一九三〇年生，籍貫江蘇南通，一九四三年在狼山廣教禪寺出家，後入上海靜安佛學院，一九四九年從軍來臺，十年後除役，於東初老人座下重新披剃出家。隨即前往高雄美濃朝元禪寺閉關六年，出關後負笈日本東京立正大學，一九七五年獲博士學位。後應邀沈家楨赴美弘化。

一九七八年東初老人圓寂後，法師自美返臺接掌北投農禪寺及佛教文化館，翌年出任中國文化學院佛學研究所所長及哲學研究所教授。一九八五年開辦「中華佛學研究所」，培育佛教人材。一九九〇年四月，在臺北金山覓得法鼓大學的用地。一九九六年元月，金山法鼓大學奠基。

二〇〇九年二月三日圓寂，世壽八十，僧臘五十一載，戒臘五十一夏。

【心平】僧　1938～1995

心平法師，俗姓吳，臺灣宜蘭縣人，一九三八年六月十三日生。年十八禮星雲法師為俗家弟子，一九六三年正式披剃，翌年受戒於基隆十方大覺寺。

一九六五年入高雄壽山佛學院就讀，一九六七年助星雲法師創建佛光山，一九七七年任宜蘭雷音寺住持。一九八五年星雲法師退位，法師繼任為佛光山寺住持，並受法為臨濟宗第四十九世傳人。一九九一年擔任甫成立的

「國際佛光會」理事。一九九四年八月發現罹患肝癌，雖開刀切除，仍於一九九五年四月七日示寂，世壽五十八，僧臘三十三，戒臘三十二。

【見虛】尼　1943～1995

見虛尼師，俗名陳美蓉，花蓮市人，一九四三年於臺北樹林海明佛學院就讀，禮悟明法師剃度出家。一九六九年農曆正月於花蓮吉安鄉開山創建佛興寺。一九九五年間因寺中火災（人為縱火）示寂。

【厚基】僧　1943～1975

厚基法師，童真入道，禮印順法師為師，侍奉左右兩年後入新竹靈隱佛學院、福嚴佛學院，親近續明、演培、仁俊等諸法師。畢業後任福嚴精舍、慧日講堂監院、正聞學社社長、報恩小築住持等職。一九七五年十月十五日因肝癌發作不治往生，享年三十三歲，僧臘二十。

【心照】尼　1942～1997

心照尼師，俗姓陳，雲林斗南人氏，一九四二年元月二十二日生，一九六一年投禮斗六湖山岩明戒及明一兩尼師出家，法名悟照，字心照。一九六九年於基隆海會寺受具足戒。一九七二年赴桃園龍潭金山寺協助籌建工程，因故從高樓摔下受傷，一九八一年承鶯歌高明寺第一代住持全定法師之請任寺第二代住持，其間並投拜淨良法師為依止師父。住持高明寺時為擴建道場積勞成疾，於一九九七年四月十一日往生，世壽五十七，僧臘三十六，戒臘二十八夏。

【本慧】僧　1910～1999

本慧法師，俗名任博悟，一九〇九年農曆十二月二十七

日生於北京。及長入北京大學就讀，課餘從蕭謙中習山水，從齊白石學篆刻，書法則四體兼擅。一九四〇年遊武夷山，在閩南惠安獲識弘一大師，並皈依三寶。一九四八年因公務以《中央日報》記者身分來臺，進而定居臺灣，曾在多所大專院校任教職。

一九七二年於臺北樹林吉祥寺依續祥法師出家，法名本慧，內號宗達。一九七八年秋移居中壢圓光寺，於佛學院中教授中國文學。一九九八年春法師回河北趙縣西卜家莊探親，一九九九年元月八日圓寂於家鄉柏林禪寺，世壽九十，僧臘二十六秋，戒臘二十六，法承曹洞宗，舍利安奉圓光寺福慧塔。

【聖智】僧　1922～1998

聖智法師，四川人氏，一九五五年於臺北五股西雲禪寺禮悟明法師出家，同年於臺北十普寺受具足戒。一九六一至一九六三年間閉關於基隆市法航精舍「淨願關房」。

一九七三年與弟子果法尼師於臺中北屯現址創建淨願佛堂，一九七六年農曆正月復二度閉關於佛堂之「淨願關房」，一九八五年重建淨願佛堂，並更名為淨願寺，一九九二年正月落成啟用，一九九八年圓寂。

【常明】尼　1924～1981

常明尼師，俗名陳味，一九二四年十一月十一日生於今臺北松山，早年學習仙術，參習一貫道，後學佛，於宜蘭礁溪妙釋寺與復如法師申辯長生之道被破斥。一九五〇年起參訪臺省善知識，後入汐止靜修女眾佛學院進修，慈航法師圓

寂後，佛學院主事道安法師返松山，因而輟學。嗣後協助其師淨良法師掌理暖暖金山寺，一九五四年受戒於基隆月眉山靈泉寺，翌年與師弟常慧銜師命於三重長壽街成立「三重佛教講堂」。一九六一年奉命修建北投彌陀寺，一九六七年任臺北縣佛教會理事長。

一九八一年十一月二十二日圓寂，僧臘三十二，戒臘二十七，為臨濟正宗法脈。

【心律】尼　1945～1989

心律尼師，俗名高素卿，一九四五年生，雲林縣人氏，三十歲時依星雲法師於壽山寺出家，並就讀於東方佛學院，一九六九年受戒於基隆海會寺。

一九七九年晉任礁溪福崇寺第三代住持，一九八九年往生。

【聖慧】尼　?～1992

聖慧尼師，年少時皈依臺北慈航禪寺智性老和尚，後依臺北土城清源山廣欽老和尚出家，法號傳慧。一九五八年十月於臺中太平鄉創建觀音座蓮寺。一九五九年於臺中寶覺寺依智性老和尚受具足戒，法號聖慧，一九九二年十一月往生。

【明空】僧　1952～2014　　再版增列

明空法師，俗姓蕭，一九五二年二月十五日生，早年從事軍旅，退役後經商有成。後因接觸慈濟功德會而入佛門。一九九三年禮美國妙境法師出家，曹洞宗第四十九代法號騰

耀，復又接淨心法師法脈，屬臨濟宗第四十三代，法號慧量，又接圓宗法師法脈，屬高雄大岡山法脈，屬臨濟宗第六十代，法號印開。

一九九八年創立慈航念佛會，從事臨終關懷、念佛共修。二〇〇五年成立中華慈航生命關懷協會，從事貧窮救助、關懷老人、協助清寒學子就學等。二〇〇七年承購新北市深坑建萬福寺，作為弘法道場，二〇一二年當選新北市佛教會理事長。二〇一四年十二月十七日凌晨，萬福寺發生大火，明空法師逃生不及往生，世壽六十三歲，戒臘二十夏，僧臘二十二載。

【智中】僧　1957～2014　　再版增列

智中法師，祖籍湖南湘潭人，一九五七年生於臺北，畢業於淡江大學電子學士、美國亞利桑那大學電機電腦碩士。一九八三至一九八九年於美國矽谷從事高端科技並自行創業。

一九九二年禮妙境法師出家、受戒，先後於福嚴佛學院、法國法雲禪學院研習，後致力於觀音及彌勒法門。二〇〇五年於洛杉磯籌「菁英生命教育學會」，實踐生活與生命智慧的教育，促進生涯規畫及充實生命內涵。晚近則將佛法運用於生命教育，從事紓壓安心之道，以緣起教義及大悲心為體，特別是綜合唯識、四念住、止觀等法門，針對現代人存在的壓力問題給予心理諮商。

二〇一四年歲末圓寂，世壽五十七歲，戒臘、僧臘二十二夏。

（四）大陸法派下的寺院

一、 海印寺／基隆市安樂區崇德路 10 巷 68 號

二、 十方大覺寺／基隆市安樂區崇德路 10 巷 67 號

三、 海會寺／基隆市暖暖區八堵路 1 巷 83 號

四、 華嚴蓮社／臺北市中正區濟南路 2 段 44 號

五、 慧濟寺／臺北市士林區中山北路 7 段 190 巷 34–1
　　　號

六、 慧日講堂／臺北市中山區朱崙街 36 號

七、 松山寺／臺北市信義區吳興街 284 巷 17–1 號

八、 農禪寺／臺北市北投區大業路 65 巷 89 號

九、 彌勒內院／新北市汐止區秀峰路 245 號

十、 常樂寺／新北市永和區竹林路 91 巷 45 號

十一、 西蓮淨苑／新北市三峽區溪東路 211 巷 31 弄 9
　　　 號

十二、 福慧寺／新北市樹林區三興里三興 9 巷 3 號

十三、 吉祥寺／新北市樹林區福德街 49 號

十四、 竹林寺／新北市新店區文中路 66 號

十五、 甘珠精舍／新北市新店區大豐路 68 巷 13 號

十六、 海藏寺／新北市新店區碧潭路 51 號

十七、 承天禪寺／新北市土城區承天路 96 號

十八、 福嚴精舍／新竹市明湖路 365 巷 3 號

十九、 慈善寺／臺中市北屯區天津路 4 段 198 號

二十、 淨願寺／臺中市北屯區雷中街 81 巷 8 號

二十一、清涼寺／臺中市太平區頭汴村長龍路中民巷
41 號

二十二、佛光寺／南投縣埔里鎮觀音路 81 號

二十三、圓通寺／南投縣埔里鎮觀音路 88 號

二十四、人乘寺／南投縣魚池鄉東池村東興巷 24–7 號

二十五、貢噶寺／臺南市安平區永華十二街 16 號

二十六、湛然寺／臺南市中區忠義街二段 38 巷 8 號

二十七、淨土寺／臺南市永康區大灣路 493 巷 37 號

二十八、棲霞精舍／高雄市苓雅區輔仁路 102 巷 43 號

二十九、佛光山寺／高雄市大樹區興田路 153 號

三十、鳳山佛教蓮社／高雄市鳳山區三民路 58 號

三十一、妙通寺／高雄市六龜區寶來村寶建路 62 號

三十二、鐵爐寺／屏東市民學路 58 巷 8 弄 15 號

九、近五十年臺灣佛教的發展

(一) 臺灣佛教發展的四個時期

佛教在臺灣的發展，大致可分為四個時期：

1. 佛教初傳期

佛教在明鄭、清代隨著漢人移居臺灣而傳入，主要是閩粵式的佛教，以禪宗為主，但混合淨土，也就是俗稱的「禪淨雙修」，但僧人極少，知識程度也不高，故也沒有大規模的僧團活動，反而是齋教（在家佛教）的傳播及活動極盛，為臺灣宗教的主流。齋教分為三派，即先天派、龍華派與金幢派。

2. 佛教日本化時期

甲午戰敗，清廷割讓臺灣，自一八九五年起至一九四五年八月止，為臺灣佛教日化時期。日本佛教有別於中國佛教之處在於日本佛教擅組織，加上「明治維新」現代化成功，使得日本佛教擺脫傳統解經解義的情況，而朝考據、科學方向發展，這一趨勢在日人據臺後就逐漸引進臺灣，將最現代的佛經研究介紹進來。另一方面培養了一部分臺籍的僧俗佛學研究者，並組織全島佛教會等類似的組織。只可惜日人帝

國主義者的心態，特別是在據臺末期推展皇民化運動，強行
將宗教納入，使得佛教的發展蒙上陰影，並在戰敗後日化佛
教被完全剷除。

3.中國佛教奠基期

　　一九四五年臺灣光復，一九四七年以臺灣省佛教會的名
義參加在南京召開的全國佛教代表大會，越兩年國府撤退來
臺，「中國佛教會」的部分成員亦隨之來臺，大批的僧侶湧入
臺灣，為中國佛教在臺生根奠定基礎。稍後「中國佛教會」
奉准復會，並由章嘉活佛擔任來臺後的第一任理事長。

　　中國佛教別於日本佛教之處在於對傳戒的重視，一九五
二年底至一九五三年初的臺南白河大仙寺的首傳三壇大戒，
為中國佛教全面在臺落實的濫觴。

　　中國佛教其實廣義地來講分為漢傳佛教、藏傳佛教及南
傳佛教（以雲南地區為主），而這裡所說的中國佛教是指漢傳
佛教，也就是所謂的北傳佛教，或說是大乘佛教。漢傳的中
國佛教到了清末民初也面臨了一次體質大改造的時期，這一
時期隨著列強侵略中國而更加凸顯。特別是在改革派僧人太
虛大師的帶領下，為中國佛教暮氣沈沈的體質投入了光明的
希望。一九四九年來臺的大陸僧侶，特別是早一年於一九四
八年由南洋接受桃園中壢圓光寺邀請，來臺主持「臺灣佛學
院」的慈航法師 (1893～1954) 就是其中的代表之一。

　　太虛大師以「人間佛教」為理念的主軸，獲得當代僧侶
的高度認同。一九四九年大陸僧侶，主要以江、浙省籍為主
的僧侶來臺，「人間佛教」的理念也因之在臺有了新的發展，

例如東初法師 (1907～1977) 所提倡的「人生佛教」，以及稍後於一九五三年來臺，為太虛大師學生之一的印順法師，都是其中代表的典型。

這一段時期至一九七一年之間，中國佛教以定期傳戒的方式將帶有日化或佛道混合的臺灣佛教加以改造，並藉由法師由北到南的創建或住持道場，將「人間佛教」的理念傳播出去，並獲得廣泛的認同。

加上為培養新一代的僧侶，一九四九年至一九七一年這段奠基期的時間所創辦的佛教院及佛教研究機構有：

⑴一九四九年──斌宗法師於新竹法源寺創立「南天台佛學研究院」。

⑵一九五一年──浙江奉化雪竇寺大醒法師，應新竹靈隱寺無上法師的邀請，創辦「臺灣佛教講習會」。

⑶一九五七年──白聖法師創辦「中國佛教三藏學院」，並任院長。

⑷一九六二年──臺中聖印法師創辦「慈明佛學院」。

⑸一九六四年──賢頓法師創辦「戒光佛學院」。「中華學術院」成立「佛學研究所」。

⑹一九六五年──悟明法師創辦「海明佛學院」，星雲法師創辦「壽山佛學院」；周邦道為首任「中華學術院佛學研究所」所長。

⑺一九六七年──淨心法師創辦「淨覺佛學研究所」。「中華學術院」成立「佛教文化研究所」，聘曉雲法師為所長。

佛學院及佛學研究所的成立，為臺灣佛教培養了一批批的僧才，並隨著臺灣經濟的起飛而帶動佛教全面的發展。

除了佛學院在發展期蓬勃的發展之外，各種佛教期刊的創辦亦帶動了佛法的推動，從臺灣光復算起，重要的佛教期刊有：

《臺灣佛教》月刊（創辦於 1947 年）、《海潮音》月刊（1949 年 4 月遷至臺北善導寺編發）、《人生》月刊 (1949)、《今日佛教》(1957)、《慧炬》月刊 (1961)、《菩提樹》月刊 (1952)、《慈聲》月刊 (1964)、《中國佛教》月刊 (1956)、《寶筏》月刊 (1970)、《獅子吼》月刊 (1961)、《覺世》月刊（前身為旬刊， 1957）、《普門》雜誌 (1979)、《因明》雜誌 (1977)、《慈雲》雜誌 (1971)。

由於有這麼多的佛學院及佛教雜誌的刊辦，使得「人間佛教」的理念持續地在臺推動，並為中國佛教在臺提供了全面發展的契機。

4.中國佛教發展期

隨著大陸來臺僧侶以傳戒、弘法、著述，終於把中國佛教在臺的基礎奠定，並隨著一九七一年起臺灣經濟的起飛而進入穩定的發展期。

一九七一年之後迄今我們稱之為臺灣佛教的發展期。

發展期中佛學院及佛研所的創辦如雨後春筍，質量也益見提升，這一時期創辦的佛學院有：

⑴一九七四年──臺中萬佛寺聖印法師成立「中華佛教學院」。

⑵一九七五年──南亭法師、成一法師創辦「華嚴專宗學院」。

⑶一九七七年——開通法師於嘉義德源禪寺創辦「德源禪學院」。

⑷一九七八年——曉雲法師創辦「蓮花學佛園」；聖嚴法師應聘為中國文化學院（文化大學前身）「中華學術院佛學研究所」所長。

⑸一九七九年——印順法師創辦「福嚴佛學院」。

⑹一九八三年——慈容法師任「臺北女子佛學院」院長。

⑺一九八五年——聖嚴法師於中華佛教文化館創辦「中華佛學研究所」。

⑻一九八七年——悟慈法師於臺南開元寺成立「開元禪學院」；如悟法師於中壢圓光禪寺成立「圓光佛學院」。

⑼一九八九年——如學法師於臺北創辦「佛教文化研究所」。

⑽一九九〇年——菩妙法師於高雄元亨寺創辦「元亨佛學院」。

⑾一九九四年——惠空法師於臺中太平鄉慈光寺創辦「慈光禪學院」及「慈光佛學研究所」。

此一時期的特色是信徒大量的增加、道場的興建林立、各種講經法會絡繹不絕，且佛教出版物大量出現，便形成了新的領導趨勢。在奠基期 (1945～1970) 中，整個臺灣佛教的發展集中在北部，主要是因為大陸來臺的知名僧侶都集中在北部，加上日據時代臺北已成為臺灣政治、經濟、文化、宗教的中心，所以佛教也無可避免地藉由地緣的關係而逐漸往外擴大。

當時北部主要的寺院及僧侶有善導寺的印順法師、松山

寺的道安法師、十普寺的白聖法師、華嚴蓮社的智光、南亭法師、北投佛教文化館的東初法師、永明寺的曉雲法師、竹林寺的證蓮法師等等。

當奠基期一過進入發展期時，臺灣佛教整個大版圖可區分為三大塊，分別是北投農禪寺的聖嚴法師、花蓮慈濟功德會的證嚴法師，以及高雄佛光山的星雲法師。

⑴北投農禪寺——東初法師在一九七七年冬圓寂之後由弟子聖嚴法師繼承衣缽，「人生佛教」的理念持續推動。聖嚴法師是臺灣少數的博士比丘，對於佛教的現代化與人生化有極其不錯的佳績。

聖嚴法師除了舉辦例行的禪修而獲好評之外，在他持續的運作下，將禪法於一九七五年成功的介紹到美國，並在當地建立了「禪中心」，每年定期前往指導禪修。在臺灣聖嚴法師更在一九八六年創辦了「中華佛教研究所」，積極地培養高級的僧俗二眾弘法人才，最重要的是近年積極地運作「法鼓人文大學」在新北金山的成立。

聖嚴法師延續了其師父的「人生佛教」理念，除一般正常的環保活動之外，還提倡精神層面的「心靈環保」，可說是人生佛教的落實者。

⑵花蓮慈濟功德會——慈濟功德會的證嚴法師是一位悲心願力雄厚的法師，她的皈依師正是承繼太虛大師「人間佛教」理念的印順法師。若因此說證嚴法師是太虛大師「人間佛教」的具體推動者亦不為過。

慈濟功德會成立於一九六六年，並以慈善、醫療、教育、文化為四大志業。隨著慈濟功德會的運作成功，其積極地投

入各種志業的實踐也是在一九七一年之後。例如一九八四年慈濟醫院的在花蓮成立，一九八九年慈濟護專的正式招生，一九九四年的慈濟醫學院開學，以及一九九八年「慈濟大愛」電視臺的正式開播，都說明了慈濟功德會的「人間佛教」的落實。

事實上，慈善工作一直是慈濟功德會的常態項目，在臺灣有四千多戶一萬多人接受慈濟的長期照顧，每月所發放的救濟金超過新臺幣一千萬，這還不包括非定期性的風災、火災、車禍、水患等救助，以及大規模的海外賑災活動。

慈濟功德會的成功，標示著近代中國佛教主流的「人間佛教」的成功，也見證佛教徒慈悲大愛的精神。

⑶高雄佛光山——佛光山的創始人星雲法師，也是「人間佛教」的推動者，在他的著作、演講中不時提到「人間佛教」，並推舉太虛大師的理念。

星雲法師來臺初期，曾短暫地在臺北待過一陣子，一九五四年之後就接掌宜蘭雷音寺的住持，並任當地佛教支會的理事長，在宜蘭弘法有相當傑出的表現。一九七〇年代受信徒之請南下高雄，於一九七五年初步完成佛光山的硬體建設工程，自此也就奠定了佛光山的發展基礎。

星雲法師自一九六四年起為培養佛教弘法人才，在海內外設立了數十所佛教學院、五所大學，其中包括一九九六年秋正式招生，位於嘉義縣大林鎮的南華管理學院，以及稍後宜蘭礁溪的佛光大學。

佛光山旗下的各項組織，包括佛光山在內，截至一九九六年為止，在臺灣共有四十七座分支道場；海外地區亞洲方

面有十六座；美洲方面有二十五座；歐洲方面有六座；大洋洲方面有十座；非洲地區有六座，以上全部合計共有一百一十座。

佛光山的文教事業頗有佳績，例如《覺世》旬刊（已改為月刊）、佛光出版社、《普門》雜誌、佛光大藏經編修委員會，以及兩個文教基金會。慈善方面亦不遑多讓。

為了將佛法推廣到全球，一九九一年二月在臺灣成立「國際佛光會」，星雲法師並被推舉為總會長，翌年五月在美國洛杉磯舉行「國際佛光會世界總會」成立暨第一次會員代表大會。成立七年多以來，在全球已有一百多個協會成立，這是佛光山朝國際化發展的重要里程碑。

以上這三座臺灣最具影響力的道場，事實上就是近代中國佛教所倡導的「人間佛教」的體現。

聖嚴法師的農禪寺、證嚴法師的慈濟功德會，以及星雲法師的佛光山都是臺灣佛教復興中最具代表者。不過，在全省的佛教弘法推動中，仍有不少足以相匹者，例如臺北的曉雲法師，是「覺之教育」的倡導者，並創辦全臺第一所由佛教單位創辦的「華梵大學」，臺北靈鷲山的心道法師，近年積極運作「世界宗教博物館」的完成，善導寺住持了中法師創辦的「玄奘大學」，埔里中台山的惟覺法師的中台世界，臺中已故的慈明寺住持聖印法師，創辦佛學院、空中佈教、電視弘法等都卓有成就，臺南開元寺住持悟慈法師創禪學院及慈愛醫院，以及中國佛教會理事長的淨心法師，在高雄辦學、弘法都有相當傑出的表現。

當然，佛教復興期中有一項特色是不可忽視的，那就是

居士弘法的成就。

一九六〇年四月周宣德老居士首在臺灣大學指導成立「慈光學社」佛教社團，二個月後又指導發起在臺北師範大學成立佛學社團「中道學社」，之後積極地運作在全省各大專院校成立各佛學社團，並提供佛學論文獎助學金，積極培養大專青年對佛教的認識及學佛風氣。不僅促成了學佛熱潮在大專院校普及，並使得這批大專青年在畢業後將學佛的種子灑遍臺灣社會各個角落，這是佛教在臺灣弘揚興盛的重要原因之一。

另外，臺中的李炳南老居士，在臺中成立蓮社，儒佛兼弘，從一九五二年起就成立各種弘法團、念佛班，在臺中地區吸引包括大專青年在內的各階層學佛人士，其中並兼任臺中《菩提樹》月刊的社長，贏得全臺一致的敬重。一九六三年《菩提樹》月刊倡辦「佛教菩提醫院」，一九九四年將「菩提醫院」附設於臺中「私立菩提救濟院」之下，於同年八月底舉行破土典禮，院長為李炳南老居士。

居士的弘法與僧俗的弘法相輔相成，終使得臺灣佛教從光復初期的草創奠基，進入到全面發展復興的契機，其中艱苦的歷程血淚斑斑。

(二) 結 論

綜觀整個臺灣佛教的發展，從明鄭、清代的僧人稀少，法師普遍知識程度不高，反而齋教一枝獨秀，到日據時代在臺灣佛教日本化的過程中，發展出具有本土主流意識的四大

法脈——這四大法脈為基隆月眉山靈泉寺（屬日本曹洞宗）、臺北觀音山凌雲禪寺（屬日本臨濟宗）、苗栗大湖法雲寺（屬日本曹洞宗），以及高雄大崗山超峰寺（屬日本臨濟宗）。

這四大法脈雖然加入日本宗派，但它們卻是有效區隔本土佛教與日本佛教的關鍵，其弟子及信徒都是本地人。

日本戰敗臺灣光復後，一九四五年至一九四八年之間海峽兩岸僧侶所接觸的有限，直到一九四九年大陸僧侶大量的來臺，並將「人間佛教」的理念全面引進臺灣，由臺北為中心向全臺散播，其中傳播的方式共有以下幾種型態，即慈善、講經、出版、教育等。由於「人間佛教」理念的務實化，使得長久以來認為佛教是「死人的宗教」的觀念獲得扭轉，並將佛教超現實理想化的部分接回到人間，使得佛教的信仰變成生活的一部分。隨著一九七一年臺灣經濟的起飛，臺灣佛教所興建的道場、文化事業、慈善救濟，及至醫院的興辦都有了高比例的成長。佛教也因此一躍而為全臺第一宗教。

進入了九〇年代，佛教傳播的方式已不再局限於平面的方式，已經進入全面電子化的階段。例如佛教多媒體的誕生、電視弘法節目的普遍化，以至佛教衛星等專屬頻道的出現，其中佛教有四大有線電視臺，即慈濟的大愛電視臺、佛光山的佛光衛視、法界衛星，以及臺南妙法寺的佛教衛星，都為佛教的弘傳奠定了新的里程碑。

不過，佛教在臺灣經過五十年長期發展，也並非全無問題，例如一九九六年九月間的「中台山事件」，以及之後一連串類佛教事件的「宋七力事件」、「妙天事件」等等都對佛教構成一定的殺傷力。這證明有些附佛外道仍不時利用佛教的

優勢為己圖謀私利，而佛教人間化的落實與否問題也面臨一連串的考驗，也就是在佛教所不及的角落，仍有人利用佛教的名義散播迷信、功利的信仰，都值得佛教界共同關心。

在人間佛教的慈善、講經、出版、教育的型態中，近年已有人關心到臨終生死問題，例如佛教蓮花基金會的成立，專事臨終關懷的理念弘揚，發揚淨土理念，為病患臨終的尊嚴及病患家屬而奮鬥,事實上都是人間佛教具體的延伸事例。

另外由人而至其他生命的關懷，所展現的更是人間佛教的無私大愛，例如昭慧法師的「關懷生命協會」，為一連串的有情弱勢請命，都是人間佛教的體現。

總之，臺灣佛教的發展是一套中國佛教近代「人間佛教」理念的具體落實，也是大乘佛教最高精神的發揮。

進入二十一世紀，臺灣佛教所要面臨的問題必是千頭萬緒，也必須有一套完整的弘法理念，否則時代的巨輪往前推動,而弘法的腳步卻跟不上,那佛教的前途必然會蒙上陰影。

我們認為，臺灣佛教在面對二十一世紀的來臨必須有以下的心理準備：

一、面對未臻完善的人間佛教，積極找出癥結所在，力求突破。

二、佛教傳播勢必走上網路國際化，任何角落都可以作到無障礙的溝通，是故佛教弘法人才必須學習利用網路來弘法或溝通。

三、人間關懷的層面必須更加擴大，以因應國際村、世界村的來臨。

四、佛典解義或歷史考證研究必須進一步加強，找出符

十、臺灣佛教淨土信仰的概況

(一) 前　言

　　淨土宗是中國佛教八宗（或說十宗）之一，北傳佛教（大乘）一提到「淨土宗」，主要是指以阿彌陀佛信仰為核心的淨土。雖然在阿彌陀佛淨土之外，尚有東方的藥師淨土、阿閦佛淨土、彌勒菩薩的兜率淨土，以及佛典中記載諸多的淨土，但是淨土獨立成「宗」的，也唯有西方教祖阿彌陀佛淨土。

　　淨土宗的成立在中土首推東晉慧遠法師於廬山結蓮社，專倡淨土法門❶，後有北魏曇鸞法師、隋道綽禪師、唐善導大師、五代永明延壽、宋省庵法師次第相承……，將淨土宗的組織架構趨向完整。

　　淨土宗的立教，基本上是不出三經一論。所謂「三經」指的是《無量壽經》、《觀無量壽經》、《阿彌陀經》；一論者乃《往生論》❷。其中《無量壽經》前後共有十二種譯本，僅存五譯，餘七譯佚失，而其所根據的是曹魏嘉平四年 (252) 康僧鎧三藏譯本❸；《觀無量壽經》原有兩種譯本，一存一

---

　　❶　《佛教各宗大綱》，黃懺華著，天華出版事業公司，一九八〇年八月初版，頁 415 之〈淨土宗大綱〉。

　　❷　同註❶，頁 417。

缺，現在所根據的是劉宋元嘉元年 (424) 畺良耶舍三藏譯本❹；《阿彌陀經》原有四譯，現今所依者為姚秦弘始四年 (402) 鳩摩羅什的譯本❺；至於《往生論》，又名《無量壽脩多羅優婆提舍願生偈》，或名《淨土論》❻。

(二) 明鄭、清代時期的淨土信仰

明鄭時期淨土的信仰並不明顯，唯一可以確定為供奉阿彌陀佛的寺院為臺南彌陀寺❼。彌陀寺在明鄭時期由洪姓施主佈施而建，由於當初規模甚小而稱「彌陀室」，康熙二十二年 (1683) 清領臺時仍沿用舊稱，康熙五十七年 (1718) 擴建時才改稱「彌陀寺」。而這座彌陀寺可說是以供奉西方極樂淨土教主——阿彌陀佛在明鄭、清代唯一可以確定的寺院❽。

在清領以降，臺灣大多數與佛教有關的寺院都以供奉觀世音菩薩為主，其中大部分的寺院又有某種程度偏向民間信仰。其中較正統的佛寺又是以中國南方禪宗系統為主，如臨濟宗、黃檗宗，其中又以和福建鼓山湧泉寺的系統關係最為

---

❸ 《淨土教起源及其開展》，望月信亨著，釋印海譯，法印寺版，一九九四年十二月出版，頁 118 之〈無量壽經及其異本〉。

❹ 同註❸，頁 125 之〈觀無量壽經〉。

❺ 同註❸，頁 107 之〈阿彌陀經及其異本〉。

❻ 同註❶，頁 417 之〈此宗之典籍〉。

❼ 《臺灣佛寺導遊》㈨，闞正宗著，菩提長青出版社，一九九七年五月，頁 47 之〈彌陀寺〉。

❽ 同註❼。

密切 ❾。

彌陀寺的阿彌陀佛信仰在清末仍維持，例如咸豐八年
(1858) 在住持正麟法師募銅的銅鐘上就刻著下列的銘文：

> 樂邦教主接引彌陀，四十八願度娑婆，九品湧金波，
> 寶網交羅，度眾生出愛河。
> 阿彌陀佛無上法王，巍巍金相放毫光，苦海作舟航九
> 品，蓮邦同願往西方。
> 願此鐘聲超法界，鐵圍幽暗悉皆聞，聞塵清淨證圓通，
> 一切眾生成正覺。❿

從以上銘文可以得知，彌陀寺為臺灣佛教寺院有史可稽
信仰阿彌陀佛的淨土道場，這在以傳承中國南方禪宗為主的
臺灣佛教，可以說是少數極為罕見者。日據時代的彌陀寺因
為其信仰的關係而被歸於淨土宗派系統，這也是理所當然的
了⓫。

(三) 日據時代淨土宗派及其事業

日據時代的佛教，清廷於清光緒二十一年 (1895) 甲午戰

---

❾　《臺灣省通志》，臺灣省文獻委員會編，頁 48 卷二之〈人民志
　　禮俗篇宗教篇〉（上）第三章〈佛教〉。
❿　一九九六年調查臺南彌陀寺。
⓫　《臺灣全臺寺院齋堂名蹟寶鑑》，徐壽，昭和七年十一月二十
　　九日發行。

爭敗於日本,日本佛教隨著軍隊派駐臺灣而陸續全面地傳入,一來是為軍人信仰之所需,二來是為日軍眷屬服務,此即所謂的「隨軍佈教」❿。與淨土宗有關的宗派自然也在這個時期傳入,這些淨土的宗派有淨土宗、淨土真宗本願寺派、淨土真宗大谷派等❸。

1.淨土宗

日本淨土宗是在明治二十九年 (1896) 九月由從軍佈教師仲谷德念引入❹,隨後在信徒的請託之下設立佈教所於今臺北圓山附近,昭和四年 (1929) 遷移至樺山町(今臺北忠孝東路之善導寺)。根據日本《淨土宗寺院名鑑》在昭和十六年 (1941) 七月所載,臺灣地區歸屬日本淨土宗的寺院或佈教所共有三十二座,主要負責人皆為日僧。同年底統計結果,淨土宗寺院,佈教師及信徒共九七七〇人,其中本地佈教師二人,信徒一七六四人,除百餘位外國人之外,其餘皆為日本人。另外在說教所,佈教師及信徒共計有一一六〇五人,本地人佔四七六八人,外國人三十五名,其餘皆為日本人。

另外淨土宗的教育事業則有「臺南商業學院」,以及淨土宗「樺幸日語講習所」(在今臺北善導寺內)❺。

2.淨土真宗本願寺派

❿　同註❾,頁 53。
❸　同註❿。
❹　同註⓫。
❺　同註❾,頁 54〜56。

本願寺派是在明治三十二年 (1899) 十月隨軍傳入臺灣，先是在臺北北門外設立佈教所，翌年才在新起町（今中華路靠近桂林路附近，一九五四年政府撥給理教使用迄今）建立臺北說教場（今理教公所），明治三十四年 (1901) 改稱「臺灣別院」，昭和七年 (1932) 落成啟用❶❻。

根據本願寺派的海外開放臺灣地區部分，截至昭和十九年 (1944) 九月止，共有分、別院、佈教所六十二所❶❼。昭和十六年 (1941) 底派下寺院，住持、佈教師及信徒共二六四一〇人，其中本地佈教師十五人，信徒五一八四人；在教務所、說教所，佈教師及信徒方面共計一六七五二人，其中本地人佔五三三〇人❶❽。

本願寺派在教育事業方面，有設在臺灣別院（西本願寺）內的「樹心幼稚園」，設在臺南彌陀寺內的「臺南家政女學院」。其他社會事業有「簡易住店光圍寮」、屏東「愛護舍」（司法保護所）、基隆「愛護舍」、彰化「遷善會」（司法保護所）、臺中「中尊寺附屬授產部」（技藝中心）❶❾。

3.淨土真宗大谷派

真宗大谷派是在明治二十八年 (1895) 四月首先在臺北

---

❶❻　《臺灣佛教名蹟寶鑑》，施德昌〈真宗本願寺派本願寺臺灣別院〉，一九四一年二月二十一日發行。

❶❼　《佛教大年鑑》，東京佛教タイムス社，昭和四十四年 (1969) 一月，頁 175 之〈臺灣開教區〉。

❶❽　同註❾，頁 54～56。

❶❾　同註❾，頁 57～58。

大稻埕設立佈教所，明治十二年 (1879) 六月在壽町（今西門町獅子林附近）建立在臺最高佈教中樞——臺北別院，昭和三年 (1928) 落成，五年 (1930) 因火災而重建，昭和六年 (1931) 重新啟用❷。根據真宗大谷派「臺灣開教監督部」記載，大谷派含臺北別院在內其分別院、佈教所共有二十六座❷。而其所屬的寺院住持、佈教師及信徒共計九八五六人，其中本地佈教師二十一人，信徒三六九人。另外在教務所、說教所，佈教師、信徒方面共計一一八五〇人，其中本地人佔三一七四人❷。

　　大谷派在教育事業方面，設立「真宗大谷幼稚園」（在東本願寺內），其他事業方面有臺北「共濟會附屬司法保護所」❷。值得一提的是真宗大谷派在臺最高佈教所——東本願寺（臺北別院），戰後被政府以「敵產」接收，之後賣給民間團體，最後在西門町建成獅子林百貨。

4.其他淨土宗派

　　除了以上較具影響力的日本淨土宗派之外，在整個日據時代在臺灣佈教的還有淨土宗西山深草派，以及真宗木邊派，但由於規模甚小，兩派本地信徒在昭和十六年 (1941) 合計也不過一百五十二人，加上日本人，其人數也在二千人以下❷，

❷　同註❶之〈真宗大谷派本願寺臺北別院〉。
❷　同註❶，頁 185。
❷　同註❶。
❷　同註❶。
❷　同註❶。

與前述三大日本淨土宗派是無法比擬的。

（四）光復以後淨土信仰與淨土諸師

禪淨雙修是明末以來僧人的修行方式，因此有很多屬禪宗系統法脈的法師專弘淨土也不足為奇，這個現象在一九四九年政府遷臺隨軍南來的法師頗不乏其人。

光復迄今，臺灣有關淨土宗的傳承雖然極不明朗，但修習淨土法門的四眾弟子卻是比比皆是，事實上，淨土宗可以說是目前臺灣佛教社會的主流，這當然與淨土法門以念佛為主，而看似簡易的方式極有關係。但是不能忽略的是，在光復之初本省民眾普遍知識水準不高，要推動佛教在本土落實，沒有比念佛更簡單易持的。有心人士不斷地推動耕耘，淨土法門始有今日開花結果的盛況。隨著臺灣全面的解嚴，一些原先被禁止的日本淨土宗，特別是淨土真宗本願寺派復又漸漸地在臺灣盛行起來了。以下我們將由北、中而南介紹這些為淨土宗奠定基礎的法師及居士。

1.道源法師

道源法師 (1900～1988) 師承臨濟，七十一歲那一年又轉嗣復仁老和尚接曹洞宗壽昌下鼓山續派四十九世❷⑤，而他卻又被稱為「蓮宗十四祖」❷⑥。綜觀道源法師的一生，有歸納

---

❷⑤　《臺灣高僧》，闞正宗著，菩提長青出版社，一九九六年元月，頁 97。

❷⑥　《獅子吼》雜誌第二十七卷第八期，一九八八年八月十五日

為「教研賢首，明教道宗，行步慈舟，修持嚴謹，精進不懈，八宗並重，一門深入，專心淨土」❷，最後兩句「一門深入，專心淨土」最為貼切。

道源法師之所以被稱為「淨土導師」、「蓮宗十四祖」，主要還是間接得之於民初淨土高僧印光大師，自一九二八年起道源即跟隨慈舟律師在中國最出名的淨土道場蘇州靈巖寺常年修持佛七之規則，並在印光大師掩關於蘇州報國寺時，時常前去請益有關念佛之法❷。

一九四九年來臺，除一九五二年臺灣光復後在大仙寺首傳三壇大戒，因戒期過短不克講戒之外，凡是有道源法師任戒師的戒壇，都有戒律的講授❷。雖然道源法師在戒律亦有擅專，但是戒律似乎是幫助他更堅定念佛往生之念。

道源法師一生專弘五經一論，為應各方機緣，雖然常講《華嚴》、《法華》、《楞嚴》、《圓覺》、《金剛》諸經，但皆指歸淨土，影響學人持戒念佛，求生淨土者實多。道源生前身後有《佛堂講話》五輯行世，這是唯一可能驗證道源一生行持的依據。這五輯的內容簡約如下：第一輯，一、念佛須知了生死，是自利。二、念佛當發菩提心，是利他。三、念佛切勿起疑念，是信。四、念佛決定願往生，是願。五、念佛

版，頁 18 之〈蓮宗十四祖道源法師〉。

❷ 《道源法師紀念集》，基隆海會寺，一九八九年十月，頁 136
之〈道源法師自述年譜〉。

❷ 《增訂印光大師全集》第七冊，唐慧峻，佛教出版社，一九九
一年四月再版，頁 496 之〈印公大師蘇州報國寺掩關略記〉。

❷ 同註❷。

必須認真念，是行。六、念佛結期應求證，是加行。七、念佛平時須相續，是常行。第二輯念佛與十大願王；第三輯念佛法門與大勢至圓通章；第四輯《佛說阿彌陀經》講錄；第五輯《佛說觀無量壽經》講記。

至一九八七年往生前擔任三壇大戒三師和尚講戒專弘淨土共同十五次之外，另外任在家五戒菩薩戒戒師次數更難勝計❸。由於有這方面的方便，在戒壇上鼓吹淨土法門，其影響力是巨大的。

道源法師一九五一年在基隆創建的海會寺，生前一直就以念佛接引無邊的人士，自一九八七年底往生之後，弟子們仍以淨土法門為依歸，宗風至今未改。

2.廣欽老和尚

廣欽老和尚 (1892～1986) 出身福建承天禪寺❸，亦屬臨濟法脈。一九四七年來臺後漸次開創承天禪寺、廣承岩、妙通寺。廣欽老和尚一生目不識丁，雖接臨濟法脈，但其為人津津樂道的卻是他「老實念佛」的本色。

廣欽老和尚一手創建、住持的土城承天禪寺，在廣欽老和尚最後住世的十年中，不分日夜、假日，一波一波朝山請益的人潮不絕，為的是想親眼目睹這位「果子師」、「伏虎和尚」的真面目，甚至是聆聽老和尚親口一句「念佛就好」的簡單開示。廣欽老和尚由於沒有高深的淨土理論基礎，一切

---

❸　同註❷。
❸　《廣公上人事蹟初編》，承天禪寺，一九八七年三月三版，頁1。

念佛禪修的體驗是來自於他的實證實修,其純樸自然的語氣,有時候就像是隔壁鄰居的老伯伯,深深地打動各階層的人士。因此,老和尚以念佛為本位的淨土思想其影響並不局限於北部,中南部的信徒並不在少數。

　　廣欽老和尚由於不識字,故其傳世的經典是經由門人弟子記錄出版,目前在市面上流通且較為人知的廣欽老和尚著作有四本,《廣公上人事蹟初編》、《廣欽老和尚紀念集》、《廣公上人事蹟續編》、《廣欽老和尚百歲紀念集》,皆由承天禪寺或與承天禪寺有關的分院弟子所印,除《百歲紀念集》之外,其餘各書或多或少皆附錄有關廣欽老和尚勸人念佛的開示或問答。由於再版次數極多、數量龐大,成為傳播老和尚淨土念佛思想的重要管道。

3.李炳南與臺中佛教蓮社

　　李炳南居士(1890～1986)別號雪廬,山東濟南人氏,早年皈依在素有蓮宗十三祖之稱的印光大師座下學習淨土法門❸,一九四九年二月因國共內戰避亂來臺,寓臺中市自由路,即應臺中寺院道場之請宣講佛教各經法義,為專弘淨土一宗。於一九五○年與董正之等居士籌組臺中市佛教蓮社,原是暫設於法華寺中,翌年七月於今臺中市民生路正式創建蓮社❸,同年十月成立男女二眾弘法團,男眾弘法臺中監獄,女眾弘法蓮友家庭。自一九五七年至一九八四年間陸續在中

---

❸　《李炳南教授百歲紀念特刊》,青蓮出版社,一九九一年四月,
　　頁6之〈生平簡介〉。

❸　同註❸。

部地區成立霧峰、豐原、太平、員林、水湳、東勢、鹿港、后里、卓蘭等佈教所，教導各地信徒淨土念佛法門❸。另外其他文教、慈善事業還有慈光圖書館、明倫月刊社、青蓮出版社、慈光育幼院、菩提仁愛之家等等❸。

以弘揚淨土念佛為要務的臺中佛教蓮社，四十多年來印贈各界的經書超過三百五十萬本以上❸；念佛班在六十個左右，定期念佛共修；「四十八願弘法團」除中部五縣市之外，最北達臺北，最南抵屏東，離島達澎湖。

李炳南居士生前所領導的臺中佛教蓮社，以及旗下的佈教所、文教慈善機構，帶動中部念佛修習淨土法門風氣功不可沒。在佛學方面，由於李炳南傳承自印光大師以淨土法門為本，其佛學著作自然以淨土法義為主，其遺世的著作有：《阿彌陀經摘注接蒙義蘊合刊》、《聽經筆錄》三冊、《佛學常識課本》、《初級佛學教材》六種、《佛學概要十四講表》、《弘護小品彙存》、《當生成就之佛法》、《佛學問答類編》四冊❸。

4.南投靈巖山寺的妙蓮法師

妙蓮法師，安徽巢縣人氏，一九二二年生，一九三〇年出家，一九四一年受戒後，即往民國淨土宗大師印光的蘇州靈巖山來參學，直到一九四九年因國共內戰而避難香港❸。

---

❸　同註❸，頁 40 之〈李炳南教授之德澤影響〉。

❸　同註❸。

❸　《臺灣佛寺導遊》㈤，闞正宗著，菩提長青出版社，一九九六年六月二刷，頁 29～31 之〈佛教蓮社〉。

❸　同註❸，頁 38 之〈講學與著述〉。

之後在香港的大嶼山及青山閉關專修共計二十年，一九七九年因排印《大智度論》經典一事由港來臺，有感於臺灣學佛風氣的興盛，以及各大專院校普設佛學社團，頗有「佛法在臺灣」之嘆，加上一九四九年來臺之大陸僧日漸凋零，唯恐後繼無人，因而升起在臺興建大叢林道場，培育僧材，延續正法傳承的意念。

一九八一年妙蓮法師決定來臺定居，從一九八一年至一九八四年間在全臺各地弘揚淨土，勸人老實念佛，以秉承大陸靈巖山寺印光祖師道風，而受到廣大佛弟子的擁戴與支持。

一九八四年妙蓮法師見因緣成熟，並在護法信眾的支持下，陸續在南投埔里現址購地十餘甲，創建了以傳承蘇州淨土道場靈巖山寺的「臺灣靈巖山寺」❸❾。

臺灣靈巖山寺的宗風以念佛為主，妙蓮法師自創寺以來，長年每月舉辦佛七，以及每年二次的傳戒法會，所住持的靈巖山寺已成為中部地區最大的道場，隨著出家人數及信徒不斷的增加，靈巖山寺也一直在擴建，整個硬體建設在一九九六年元月才暫告完成。而且妙蓮法師在一九九一年又蒙美洲華僑弟子獻地百甲，勸請法師在美興建道場度眾，由於這個因緣又促使其發願在美國創建大叢林道場，以度化美國地區華僑第二代❹⓿。

妙蓮法師是目前大陸來臺僧侶中專弘印光大師淨土法門

---

❸❽ 《臺灣佛寺導遊》⑻，闞正宗著，菩提長青出版社，一九九六年元月初版，頁109～113之〈靈巖山寺〉。

❸❾ 同註❸❽。

❹⓿ 同註❸❽。

碩果僅存的念佛行人，除了在中部有極大的影響力之外，由於其時常往返臺北講經、勸人念佛，北部乃至全省都有為數不少的信徒。十幾年來妙蓮法師在各地以淨土法門自持流傳，是印祖的淨土理念的專弘道場。妙蓮法師已於二〇〇八年六月圓寂，世壽八十五歲。

5.煮雲法師與鳳山佛教蓮社

煮雲法師 (1919～1986) 一九一九年生，江蘇如皋人氏，一九三八年於如皋城北之惠民寺依參明老和尚出家，一九四一年入南京律學院求學，畢業後自一九四四年起往來於焦山佛學院、上海圓明講堂、松江天馬寺、普陀山法雨寺，一九四九年國共內戰加劇，煮雲與十幾位僧青年報考軍隊之「醫護人員訓練班」，一九五〇年四月以軍人身分隨國軍七十一師三十三醫院來臺❹。

來臺後的煮雲法師落腳在臺中后里陸軍第五十四醫院任看護兵，在照顧傷患期間，大力推動軍中佈教，之後煮雲法師復又披上袈裟，回復出家人的身分，並積極展開以淨土念佛法門的前瞻性弘法工作❷。

一九五一年煮雲法師以中部地區為弘法重點❸，軍中佈教之餘首先在臺南成立念佛會，並以中國佛教會理事之身分，遠至臺東指導念佛會的成立。一九五三年受信徒禮請至高雄鳳山，並成立鳳山佛教蓮社❹。一九五四年四、五月間受澎

---

❹　同註㉕，頁 191～219 之〈煮雲法師〉。

❷　同註❹。

❸　同註❹。

湖佛教會禮請與廣慈法師前去佈教，六月間轉往臺東，沿路北上環島佈教，前後花費四、五十天，並在苗栗成立念佛會，同年十二月成立光復後臺灣第一個彌陀佛七於鳳山佛教蓮社，開啟了全臺佛七之風。

一九五六年先是在蓮社成立「鳳山佛教青年弘法團」，後又成立「鳳山佛教蓮社婦女會」，積極在各地鼓吹念佛，同年十月《煮雲法師演講集》出版。一九五八年八月成立「今日佛教環島佈教團」 **⑮**，一九五八年夏末是《續藏經》的環島宣傳，同年十二月以閉「淨土關」為名，於北投靈泉寺掩關，後因不慎在關房中跌倒，前後僅維持八個月。在關房中煮雲法師完成了《金山活佛》，《皇帝與和尚》、《佛門異誌》則是在關房找資料出關後才完成 **⑯**。

一九七二年農曆二月，正式創辦精進佛七於臺東清覺寺 **⑰**，一九七四年農曆正月又在清覺寺首辦大專精進佛七，一九七五年三月再辦第一屆出家班精進佛七。由於煮雲法師所辦的各個階層的佛七漸受歡迎，從一九七六年暑假的青少年及兒童精進佛七開始，一直到一九八六年七月止，煮雲法師往生前的一兩個月，幾乎是每個月都主持一次精進佛七，臺灣後來念佛、打七風氣至今不衰，這和當年煮雲一手帶動有極密切的關係。

㊹ 同註**㊶**。

㊺ 同註**㊶**。

㊻ 《煮雲和尚紀念專輯》，煮雲老和尚文教基金會發行，一九八九年八月九日，頁9。

㊼ 同註**㊶**。

　　煮雲法師生前一直想建一座大規模的淨土叢林道場，以便成立佛學院及弘法之用❹。一九八二年煮雲法師在弟子慧顗的協助之下，選中臺中太平鄉清涼寺現址，並在一九八三年動土，一九八四年暑假的大專青年佛七，就在剛蓋好不久的大悲殿舉行，為了使清涼寺早日落成，那一兩年間，煮雲更加積極地支援全省各地的佛七。一九八五年農曆二月煮雲病倒，一九八六年七月圓寂於鳳山佛教蓮社，清涼寺這座中部最大的淨土道場之一的建設全落在弟子慧顗法師的肩上，直到一九九六年初才全部落成。而煮雲法師一直積極想成立的佛學院，也在煮雲法師往生三年後完成，這座佛學院正是全臺首座以淨土法門為主的「淨土專宗佛學院」，附屬在清涼寺之下。

(五) 日本淨土真宗在臺的發展

　　正如前述，日本淨土真宗在日據時代就隨著日本統治者而傳入臺灣，但這些宗派在日本戰敗離臺之後也消失了，僅留下少數寺院硬體設備，一些被當作「敵產」處理而一併拆除。基本上，臺灣光復後迅速進入戒嚴時期，非中國傳統宗教想要在臺灣地區發展是非常困難的，日本的淨土真宗真正有計畫的受到弘揚，也都是在解嚴之後，現在就依時間順序來介紹日本淨土真宗在臺的傳播，以及流傳的典籍。

---

❹　同註❻，頁 33 之煮雲〈精進佛七的回憶〉。

1. 游騰居士與弘願蓮社

游騰居士，宜蘭頭城人氏，一九一九年生，十二歲母喪，發心探究生死問題，追尋靈性，以期母子相逢。並以中外五大聖人的典籍為探尋對象，初學禪定，體驗人有靈性而信仰佛教。臺灣光復後無意中得到《嘆異鈔》及《正信念佛偈講話》，年二十九歲正式翻譯《正信念佛偈講話》，更加確信阿彌陀佛的本願力❹。

日本的出家人可以帶妻肉食，淨土真宗亦不例外，游騰居士以「弘願」為名，以別日本淨土真宗。游騰居士所創辦的「弘願蓮社」共有臺北、桃園、頭城、羅東❺，另外臺北木柵的蓮社為其學生所辦，屏東的能淨協會亦與他多有關係。

游騰居士以八十歲高齡，每週往返各地的弘願蓮社講授阿彌陀佛的本願（第十八願）思想，也就是「弘願念佛法門」。游騰居士為了弘揚阿彌陀佛本願，翻譯了為數不少與淨土真宗有關的書籍，計有：《弘願念佛集》（原名《選擇本願念佛集》，法然上人著）、《正信念佛偈講話》（親鸞聖人造偈，梅原真隆講話）、《安心決定鈔講話》（覺如上人作，惠覺上人講）、《淨土三部經》（柏原佑義作）、《真宗聖典淨土三部經講話》、《嘆異鈔講話》（唯圓上人作，梅原真隆講）、《執持鈔》（覺如上人作），總歸在《弘願文庫》之中。

---

❹　同註❹，頁118，慧顗之〈師父・我與清涼寺〉。

❺　《菩提長青》雜誌，一九八九年四月三十日，闞正宗專訪游騰居士，三版。

> 彌陀我慈父，極樂我本鄉，
> 菩薩我法眷，弘願我家業。

　　每次在開講弘願念佛法門之前，游騰居士就會帶領信徒誦念此偈。從二十九歲開始游騰居士開始學習並專弘阿彌陀佛本願思想，半世紀以來精勤不懈，特別是臺灣解嚴以後在各地成立弘願蓮社，吸引了各階層的人士，有知識分子、市井小民同來信受阿彌陀佛本願力，其影響力正在逐漸擴散中。游騰居士已於二〇〇一年四月去世，世壽八十三歲。

2.顏宗養居士與法爾出版社

　　顏宗養居士，臺北市人，一九四九年生，輔仁大學哲學研究所畢業。曾經在佛教專業的出版社天華及慧炬任職，因緣成熟以後正式成立「法爾出版社」❺¹。

　　在法爾出版社五類叢刊中，有關淨土思想的書籍就佔兩類，分別是「法藏叢刊」與「慶喜叢刊」。由於顏居士修習淨土法門，知道中國善導大師的淨土念佛最為嚴密，但善導大師的思想在中國失傳了一千三、四百年，為了要整理其思想，追蹤其本來面目，「法藏叢刊」的成立就是為保存、弘揚善導大師的淨土思想。雖然這些書籍都是從日本取回，但卻保留善導大師在中國失傳已久的淨土思想，而且日本人為了區隔而將之改名，例如已相當日本本土化的淨土真宗就用自己的思考模式來解釋「持名念佛」。一九八九年顏居士正式從日本

---

❺¹ 《菩提長青》雜誌，一九九〇年二月二十八日，王靜蓉專訪顏宗養居士，三版。

引進這些與善導大師念佛思想有關的書，收錄在「法藏叢刊」的有《選擇本願念佛集》（法然上人）、《教行信證》（親鸞聖人）、《念佛人列傳》、《娑婆與極樂》、《純情的念佛人》。有關比較淺顯的淨土思想則收錄在「慶喜叢刊」，分別有《淨土本願問答錄》一、二、三冊、《淨土本願教學錄》、《歎異鈔導讀》、《斷疑生信》、《念佛探微》、《淨土真宗要義》、《無限的慈悲》等書。

顏宗養居士每週除了在政大授課外，還另外主持念佛共修會，並經常支援教界人士，提供他的經驗與見地。這位以保存、弘揚善導大師淨土思想的行者，以及他的法爾出版社正紮實地傳播著、影響著。

3.慧淨法師與本願山彌陀淨舍

慧淨法師，臺南人氏，一九五〇年生，一九七七年在佛光山出家，一九八五年下山。一九八八年夏在某種機緣下，與幾位同參研討彌陀本願思想,同年九月負笈東瀛大谷大學，以學習日文直接研讀淨土真宗典籍，探尋阿彌陀佛的第十八願❷。

慧淨法師認為，中國曇鸞、道綽、善導等諸師的淨土思想教理，在日本已經開花結果，其中又以親鸞發揮較多。慧淨法師專心致力於阿彌陀佛第十八願（本願）的思想探討，一九九三年由大谷大學學成歸國之後，即成立「本願山彌陀淨舍」，以弘揚出家人為主的「淨土真宗」思想。慧淨法師認

---

❷ 見「本願山彌陀淨舍」慧淨法師校正編述各書。

為，日本的淨土真宗之出家人可以帶妻住寺，這和中國的出家人是獨身清修有極大的差異，是故雖然都是以阿彌陀佛的第十八願為中心思想，但已明顯不同。

由慧淨法師編述或校定的淨土書籍有以下數種:《無量壽經漢譯五本分段對照》、《無量壽經之諸本對照研究》、《選擇本願念佛集》、《教行信證》、《淨土三部經講話》、《淨土三部經序講、餘義》、《佛說無量壽經》、《淨宗要義》、《淨宗教旨》。慧淨法師又無意間在日本發現《淨土真宗全集》孤本三十六冊，已在一九九六年助印流通。

4.淨土真宗親鸞會 ㊼

本會成立於一九九一年三月十七日，理事長為許江麗玉女士，其宗旨為「主奉阿彌陀佛，聽聞阿彌陀佛的本願，依靠彌陀攝取的光明，今世就能獲得絕對的幸福，來世往生極樂世界」。

親鸞會在臺灣的弘傳，皆以日語為主，因此信徒雖以本地人為主，但是都是受過日本教育的老一輩，人數與發展就受到相當的局限，總會設在臺北。

㊼ 見一九九二年內政部編之《全國宗教團錄名錄》。

十一、臺灣禪佛教的概況

(一) 前　言

　　佛教的傳入臺灣，應在漢人遷徙臺島時期就發生。根據考察，臺灣最早的寺院是小西天寺，大約建於一六六二～一六六五年之間，小西天寺即今之竹溪寺 ❶。在明鄭時期又有彌陀寺的建立 ❷。

　　清代的臺灣又陸續建立佛寺，其中以「禪」為名的寺院不少，如開元禪寺（原名海會寺，1796 年改名）❸、法華禪寺等，另外如鳳山的元興寺、阿蓮的超峰寺、白河的大仙寺與碧雲寺、六甲的龍湖岩，皆由禪僧所建 ❹。

　　毫無疑問的，臺灣開山建寺的僧人都是從大陸沿海省分過來的，由於中國東南在中國是南宗禪為主的興盛地區，是故在傳承上臺灣的佛寺自然是以禪宗系統為主，特別是福建

---

❶　《臺灣佛寺導遊》㈨，闞正宗著，菩提長青出版社，一九九七年五月初版，頁 57 之〈竹溪寺〉。

❷　同註❶。

❸　同註❶，頁 63 之〈竹溪寺〉。

❹　《臺灣省通志》，臺灣省文獻委員會出版，一九七一年六月三十日，卷二之〈人民志宗教篇〉。

鼓山的湧泉寺與泉州的開元寺，而其中湧泉寺是屬曹洞宗，
開元寺是臨濟宗，另外還有屬於黃檗宗的黃檗寺（建於1688
年）❺也傳入臺灣，只是後來不知何故地消失了，倒是在傳
入日本之後有不錯的發展。

雖然自明鄭以降至甲午割臺，僧人或從沿海省分來到臺
灣，幾代之後在臺灣落戶出家者，也都與沿海省分各佛寺有
著密切而不可分的傳承關係。以禪宗為主的臺灣佛教及僧人，
在甲午（1895）之前卻沒有什麼特別突出的個人或禪典留下，
整個禪思想的發展幾乎是延續明末清初以來佛教逐漸衰微的
歷史大命運。

總之，有清一代（至甲午）臺灣的僧人只是在名義上維
持著與禪宗的關係，進入日據時代，由於受到日本較發達與
進步的宗教思想影響，以中國南禪為主體的臺灣僧人才有著
比較進步且積極的作為。

（二）日據時代的禪宗及其事業

日據時代佛教禪宗的發展，基本上是朝著兩個方向在進
行，一是本土僧人繼續維持與沿海省分，特別是福建禪宗祖
庭在傳承上，以及其他各方面的良好關係，但又與日本禪宗
適度的合作；另一個是完全傳承日本禪宗，並在日本的佛教
學院受教育。前者後來發展成佛教的四大（或曰五大）法脈，
即基隆月眉山靈泉禪寺法脈，五股觀音山凌雲禪寺法脈，大

---

❺　同註❹，頁50之〈清代臺灣之佛教〉。

湖觀音山法雲禪寺法脈，臺南開元禪寺（或竹溪寺）法脈，阿蓮大崗山法脈❻。後者則成為推動臺灣佛教改革的一股力量。在探討以上兩種現象之前，首先看看日據時代日本禪宗，主要是臨濟與曹洞兩宗；在臺灣的作為，以及所建立的佈教機構與各種事業。

1. 日本臨濟宗妙心寺派

明治三十二年 (1899) 日僧梅山玄秀來臺駐錫在臺北圓山的劍潭寺，是為臨濟宗妙心寺派佈教之始❼，明治四十四年 (1911) 在現在的臨濟寺現址建立完成「鎮南山臨濟護國禪寺」的大殿、寮房及山門。大正元年 (1912) 妙心寺派的代理管長坂上宗詮來臺巡視並主持臨濟護國禪寺落成大典，正式揭開臨濟宗妙心寺派在臺佈教的序幕❽，之後又經長谷慈圓、天田策堂、高林玄寶、森元成、飯塚江嶽等歷代在臺佈教總監等人的開拓，直到戰敗離臺。

日本的臨濟宗的主要教育機構有成立於大正五年 (1916) 的準日本僧堂供臺灣僧侶修行的道場——「鎮南學林」，成立於大正五年 (1916) 總督府認可的「鎮南中學林」，專供臨濟宗高等佈教講會，以及作為佛教專修道場之用，後來並與佛教婦人會結合，且發行機關報《圓通》雜誌❾。另外臨濟宗

---

❻ 《臺灣佛教名剎》，朱其麟主編，華宇出版社，一九八八年十月，藍吉富序文。

❼ 《佛教大年鑑》，東京佛教タイムス社，一九六九年一月發行，頁 196 之〈臨濟宗妙心寺派臺灣布教〉。

❽ 同註❼。

佛教的專修道場在臺中亦設有分部。其他社會事業方面於昭和七年(1932)在高雄設有財團法人的「佛教慈愛醫院」❿。

臨濟宗除了在臺灣各地建立(開放本地寺院加入)其主要所屬宗派二十五座之外,其他還有分佈在全臺一一五個連絡寺院,並發行《法施》雜誌⓫以交流彼此各寺院齋堂的感情。

臨濟宗在昭和十六年(1941)底其直屬的寺院、住持、信徒中,十五座寺院中信徒一七二四七人,本地人有九三三四人,住持、佈教師七十三人中,本地人佔四十八位⓬。另外在教務所、說教所十一處之中,信徒一〇三五六人中,本地人佔了九成以上,達九五八五人⓭。

2.日本曹洞宗

日本曹洞宗最初來臺的佈教師佐佐木珍龍,原本是在中國大陸東北(滿洲國)一帶弘化,明治二十八年(1895)甲午割臺後轉來臺灣⓮。最初駐錫在萬華龍山寺佈教,後來遷移到臺北西門街的新佈教所。明治三十一年(1898)六月第二任在臺佈教總監正覺慈觀就任,明治三十三年(1900)四月第三

---

❾ 同註❼,頁 197。

❿ 同註❹,頁 58。

⓫ 同註❾。

⓬ 同註❹,頁 56。

⓭ 同註⓬。

⓮ 《中華佛學學報》第十期,釋慧嚴之〈西來庵事件前後臺灣佛教動向〉,頁 282。

任菅原正英繼任，明治三十四年 (1901) 五月第四代山田祖學
接續，明治三十五年 (1902) 三月佈教所遷移到臺北北門街。
明治四十年 (1907) 十一月第五代總監大石堅童續任，四十三
年 (1910) 三月遷移到新購的東門街土地上建立「曹洞宗大本
山臺灣別院」❶。明治四十四年 (1911) 年四月第六代總監霖
玉仙繼任，大正元年 (1912) 九月木構的別院毀於颱風。大正
二年 (1913) 十月大石堅童復任第七代總監，大正五年 (1916)
十一月創立「曹洞宗佛教中學林」❶（即今泰北中學前身）。
大正九年 (1920) 三月第八代總監伊藤俊道接任，大正十二年
(1923) 二月重建「曹洞宗大本山臺灣別院」，改以鋼筋水泥建
築。大正十二年 (1923) 十月第九代佈教總監水上興基接任，
昭和五年 (1930) 四月主體建築落成，同年八月第十代總監大
野鳳洲接任，翌年完成木構的寮房，接下來分別是島田弘舟、
高田良三等人。

　　曹洞宗的主要教育機構是「曹洞宗佛教中學林」❶，創
立於一九一七年，最後改名為「泰北中學」，雖然沒有其他的
社會事業，但是曹洞宗的佈教策略成功，成了僅次於日本淨
土真宗本願寺派的最大在臺灣佛教宗派。

　　在昭和十六年 (1941) 底所總計的，其所屬的十四座主要
寺院，共有信徒一九八二六人，其中本地人佔一〇二四七人，
住持、佈教師六十人中，本地人有四十位❶。另外教務所及

❶　《臺灣全臺寺院齋堂名蹟寶鑑》，徐壽，臺南：國清寫真館，
　　一九三二年十一月，〈曹洞宗大本山臺灣別院〉。

❶　同註❶。

❶　同註❹，頁 57。

說教所合計三十二所，信徒合計一五八九五人，其中本地人佔九四七六人❶⑨。

　　曹洞宗策略的成功在於，日僧特注重本地人的接引，有別於其他宗派以日人及其眷屬為主要佈教重點。例如在大本山的臺灣別院左側，特別建一純閩南式寺院造型的觀音禪堂，以吸引並教化本地信徒❷⓪。年前臺北市政府拆除了遭佔用四十餘年的「曹洞宗大本山臺灣別院」現址上的違建戶，預計要蓋「臺北市青少年育樂中心」，唯一還保留的就僅剩鐘樓及觀音禪堂（今名東和禪寺）。

（三）日據時代本土的四大法脈

　　日據之前臺灣的禪佛教正如前述並未有長足的發展，日據之後日本佛教宗派傳入有別於以中國南宗禪為主的思想觀念，使得臺灣禪宗在中國傳統的背景下，得相互為用。加上日人治臺初期對宗教採取籠絡的態勢，吸收佛教領袖級的人物加入日本禪宗。為了要保持發展的穩定，四大法脈或加入臨濟宗，或加入曹洞宗，一方面和日本在臺宗教高層維持良好的關係，另一方面又和中國大陸當代僧侶相互聯繫，例如月眉山派及凌雲寺派都曾邀請太虛大師及圓瑛法師來臺講經❷①，南部的大崗山派則與會泉法師有著合作的關係❷②。由

---

❶⑧　同註❹，頁 56。

❶⑨　同註❶⑧。

❷⓪　《臺灣佛寺導遊》㈠，闞正宗著，一九九二年四版，頁 21 之〈東和禪寺〉。

於有中日佛教雙重的影響，是故傳承中國南宗禪的臺灣佛教四大法脈的法燈遍及臺灣各地。只是在一九四九年國府遷臺之前，四大法脈因領袖級的人物陸續去世，日據時代的影響力明顯衰微，取而代之的是大陸來臺僧侶全面不同的弘法運作，以下就是各法脈的介紹。

1.基隆月眉山靈泉禪寺

月眉山的開山人物善慧法師 (1881～1945) 是在明治三十五年 (1902) 在福建鼓山湧泉寺拜景峰法師為師並受戒❷，回臺後大力建設靈泉禪寺的硬體，明治四十年 (1907) 加入日本曹洞宗的僧籍，同年十月晉山為靈泉禪寺的僧籍❷。由於和日本禪宗建立了合作的關係，是故在明治四十二年 (1909) 傳授了據說是臺灣佛教史上第一次的在家二眾戒會，大正元年 (1912) 在寺開辦「愛國佛教講習會」，並禮請大陸名僧會泉法師 (1874～1943) 來臺講授《金剛經》❷。

大正十年 (1921) 總督府社寺課課長丸井圭治郎召集善慧法師（代表臺灣曹洞宗）和本圓法師（代表臺灣臨濟宗）

❷　《臺灣佛教百年史之研究》，江燦騰著，南天書局有限公司，一九九七年三月初版二刷，頁 145 之〈日據前期臺灣北部新佛教道場的崛起——基隆月眉山靈泉寺與臺北觀音山凌雲寺〉。

❷　闞正宗著，〈臺灣佛教四大法脈〉之〈大崗山派〉未定稿。

❷　同註❷，頁 131。

❷　《臺灣社寺宗教要覽・臺北州》，一九三三年三月十五日，臺灣社寺宗教刊行會之〈靈泉寺〉。

❷　《臺灣佛教》季刊第二十五卷第一期，頁 15 之〈臺灣佛教史資料・上篇曹洞宗史〉。

研商籌組「南瀛佛教會」的全臺性佛教組織。在獲得代表臺灣禪宗的兩位重量級人物加入之後，翌年「南瀛佛教會」正式成立，善慧法師也被推為會長❷❻。後來又擔任「臺灣佛教青年會」的發起人之一，並任成立於大正六年 (1917)，由日本曹洞宗兩大本山（即日本曹洞宗總本山永平寺及曹洞宗大本山臺灣別院）成立的「臺灣佛教中學林」（後改名為曹洞宗中學林）的學監❷❼。可以說善慧法師作為曹洞宗的傳承者，也由禪宗的「談心說性」轉入教育文化工作的推動，這也就成為日據時代各個佛教宗派運作的普遍模式。善慧法師身後留下一些禪詩，散見於《南瀛佛教》會報，沒有專門著作行世。

2. 五股觀音山凌雲禪寺

　　凌雲寺派的靈魂人物本圓法師 (1883～1945) 是在明治三十二年 (1899) 在福建鼓山湧泉寺受戒❷❽（戒師為振光法師），後留在大陸叢林凡十一年，明治四十四年 (1911) 三月回臺。大正三年 (1914) 繼承凌雲禪寺之後展開硬體的建設，大正五年 (1916) 並在「臺灣佛教中學林」的籌建被推為「副學監」，由於能力未受重視改投臨濟宗妙心寺派，與日本臨濟宗在臺宗長長谷慈圓合作，模仿曹洞宗在教育、佈教、宣傳上的推動，以強化僧俗素質和社會的影響力，籌組「臺灣佛教道友會」和創辦「鎮南學林」❷❾。只是後來「鎮南學林」

---

❷❻　同註❷❺。

❷❼　同註❷❺。

❷❽　同註❷❺之〈觀音山凌雲禪寺〉。

因經費的問題被合併於曹洞宗的佛教中學林。

大正十二年 (1923) 十一月凌雲禪寺舉辦了全臺規模龐大的四眾戒會,臺灣的本地僧侶囊括了其他三大法脈的法師,有月眉山的善慧法師、法雲寺的覺力法師與大崗山的永定法師, 另外來自大陸的圓瑛法師、聖恩法師也都任戒師,而日本方面的僧侶亦多有參與, 使得戒子達七百餘人 [30]。

總之, 本圓法師於文教事業亦展其長才, 並和同屬加入日本臨濟宗派的臺南開元寺多有聯繫, 形成臺灣禪宗在日據時代良性的發展。惜其身後並未見有專門的禪典著作留下。

3. 大湖觀音山法雲禪寺

法雲寺派的開山祖師覺力禪師 (1881～1933) 為福建廈門鼓浪嶼人氏, 清光緒二十五年 (1899) 十九歲時禮鼓山湧泉寺萬善老和尚為師, 取名復願, 別字圓通, 號覺力, 法承曹洞宗派 [31]。

大正二年 (1913) 應劉緝光、吳定連之請, 來臺於苗栗大湖創建法雲禪寺 [32], 並在弟子妙果法師的協助之下, 第二年就完成了大雄寶殿的硬體工程, 後陸續修建法雲禪寺周邊設備, 到了大正四年 (1915) 宗風大盛, 皈依門下的僧眾高達二百五十餘人 [33], 因而受到日本曹洞宗在臺總監的重視。

---

[29] 同註[20], 頁 151。

[30] 同註[20], 頁 152。

[31] 《覺力禪師年譜》, 禪慧法師撰, 覺苑發行, 大湖法雲禪寺倡印, 一九八一年十月版, 頁 119 之〈自述〉。

[32] 同註[31]。

　　大正五年 (1916) 即和日本曹洞宗的本部建立起「聯絡」的關係❸，大正六年 (1917) 與善慧法師、心源法師在曹洞宗的推舉下，促成「私立臺灣佛教中學林」的建校，這是覺力禪師將觸角伸向佛教教育之始。一九一八年法雲寺在覺力禪師的主導下舉行首次的傳戒，到一九二八年為止共傳七次戒❸，奠定了法雲寺派在臺弘傳的基礎。

　　覺力禪師於大正十一年 (1922) 接受日本曹洞宗本山任命為「佈教師」，與臺灣最高單位「曹洞宗臺灣別院」關係更形密切。是故在大正十四年 (1925)「因念及尼眾諸猶未學」，在新竹香山一善寺為尼眾舉行「特別講習會」❸，比日本官方南瀛佛教會的講習會還要長，達半年之久，這也就是法雲寺派下的女眾特別傑出的原因之一。

　　覺力禪師生前講天台與法華諸經，但未見傳世，惟有手稿《般若波羅密（蜜）多心經》行世。由於生前注重僧眾教育，是故在其身後在法雲禪寺辦有「法雲佛學院」，由弟子妙果 (1884～1963) 在中壢創建的圓光禪寺（建於一九一八年），而「圓光佛學院」則自一九七四年之後運作至今。

4.高雄大崗山超峰寺派

　　大崗山派的開創者為義敏與永定法師師徒，義敏法師 (1875～1947) 童年於臺南開元寺禮妙諦上人出家❸，雖然義

---

❸　同註❸，頁 138。
❸　同註❸。
❸　同註❸，頁 184。
❸　同註❸，頁 186。

敏法師是在日本據臺的第二年 (1896) 赴福建鼓山湧泉寺受戒，但其傳承是泉州承天禪寺的臨濟宗❸。永定法師 (1877～1939) 是在明治三十一年 (1898) 禮義敏法師出家，後任開元寺監院❸。明治四十一年 (1908) 師徒二人離開開元寺接任大崗山超峰寺住持，進而在南臺灣開創出「大崗山派」這個系統。

大正十年 (1921)「南瀛佛教會」成立，永定法師被指定為高雄州的理事，為地方性佛教事務的代表，而超峰寺也成為日本「臨濟宗高雄州本部」❹。

大崗山派的義敏、永定師徒在下院的開拓上有著極為出色的表現，在南投、彰化地區都可看到其派脈的繁衍。惟義敏、永定身後並未有個人講經、釋論等著作傳世。

一九六七年秋「大崗山派」下的開證、永忠、開照、心覺等人發起籌組「臨濟宗大崗山大本山法脈組織聯誼會」❹，欲重振日據時代派下的輝煌歷史，一時共三十四座道場加入，只可惜在同年的十月一日召開唯一一次的籌備會之後，即告解散，「大崗山派」的整合完全失敗。儘管「大崗山派」似乎

---

❸ 同註⓴，頁 204 之〈南臺灣佛教大法脈的崛起與戰後的轉型〉。

❸ 同註⓴，頁 205。

❸ 《南瀛佛教》第九卷第九號，鄭卓雲，〈臺南開元禪寺沙門列傳——現在永定禪師略歷〉，頁 20。

❹ 《臺灣全臺寺院齋堂名蹟寶鑑》，徐壽，臺南：國清寫真館，一九三二年，頁 74。

❹ 《慈恩拾穗——宏法寺開山二十週年紀念》，開證法師，頁 174～176。

已成「歷史名詞」，但其法脈子孫的繁衍傳承卻未曾中斷，其地方性的影響力仍在。

(四) 光復後的禪宗與禪師

禪宗一直是中國佛教的主流之一，日據時代禪宗的發展在論述上是採取寬鬆的態度，但臺灣光復後，特別是在一九四九年，大陸僧侶避難來臺，禪宗的傳承依然是主流，但本節採取的是嚴格的角度，即不再以「傳承」為唯一的依據，而是從其著作及在禪學、禪修方面專攻的程度而定。是故在此選擇具代表性的人物及道場一一論述。

1.惠光法師

惠光法師 (1888～1967) 原湖南湘潭人氏，光緒十四年 (1888) 生，光緒二十五年 (1899) 於長沙東鄉之鐵爐寺禮妙華老和尚出家，一九二○年受戒，一九二四年入南京武昌佛學院求學❷。惠光法師顯密雙修，至一九四七年二月抵廣東南華寺參見虛雲老和尚 (1839～1959)。虛雲老和尚是清末民初禪宗的法匠，惠光法師親近虛雲研究禪法，並任教南華寺的戒律學院❸，這一重要過程是惠光法師轉入禪宗的重要分水嶺。

一九五○年國共內戰避難香港九龍東普陀寺，一九五二

---

❷ 《惠光禪師年譜》，十方大覺寺出版，一九六一年十二月八日初版，頁 3 之〈惠公年譜〉。

❸ 同註❷。

年於大嶼山法林寺主持禪七，禪堂開示集成六萬餘言《禪宗講錄》，一九五二年擴編為十五萬言，並更名為《宗門講錄》❹。隨後惠光法師又陸續出版禪宗的論著《禪學指南》、《禪學問答》，以及佛教史學類的《佛教考證史》，惠光法師的禪學生命於是達到了巔峰❹。

一九五八年應基隆十方大覺寺靈源法師 (1902～1988) 之請來臺。初卓錫於大覺寺中領眾禪修，並重新整理《宗門講錄》等稿本之流通，積極地應聘至臺灣各地主持日益蓬勃的禪修、戒會及講經法會，是一九六、七〇年代頗具影響力及知名度的禪師。一九六二年於屏東創建鐵爐寺，並往返南北講經說法❹。一九六七年圓寂，世壽八十。惠光法師是臺灣早期在禪學、禪修上少數的實力派，只可惜臺灣佛教是在一九八、九〇年代才日益蓬勃，惠光法師雖然禪機深厚，但由於出道甚早，知道的人並不太多。其禪學著作早年新文豐出版社曾出版流通，近年來佛陀教育基金會亦曾印贈流通。

2. 靈源法師與惟覺法師

靈源法師 (1902～1988) 乃浙江臺州府臨海縣人氏，一九三二年九月在福建鼓山湧泉寺虛雲老和尚的座下剃度，序為徒孫，法名宏妙，字靈源，靈源法師乃傳承了虛雲臨濟禪這

❹　《靈源夢話集》，一九八五年農曆四月八日版，頁 276 之〈惠光法師與我的認識〉。

❹　《臺灣高僧》，闞正宗著，菩提長青出版社，一九九六年一月初版一刷，頁 15。

❹　同註❹。

個法脈❹。翌年於寺中受具足戒。

　　一九五〇年六月避難香港大嶼山寶蓮寺，一九五四年來臺卓錫基隆佛教講堂，同年六月在基隆安樂區觀音町創建十方大覺寺❹。

　　靈源法師法承近代禪宗泰斗虛雲老和尚法脈，為臨濟正宗第五十七代傳人，但是禪宗在臺灣受到重視卻是在他的弟子惟覺法師的手上促成的。

　　惟覺法師，一九二八年生，四川營山人氏，一九六四年二月在十方大覺寺禮靈源法師出家受戒，法名知安，惟覺是內號❹。後來離寺他住四處苦修，一九七〇年代初期在萬里芥子山區茅蓬獨居，一九八〇年代初始為信眾發覺護持，並就地建寺曰「靈泉寺」，一九八七年開始接受弟子皈依❺。不久惟覺老和尚在甫翻蓋未久的玉佛殿舉行靈泉寺自開山以來的首次禪七。當年參加的僧侶雖僅二十餘人，但由於受到弟子的好評，惟覺法師隨順因緣舉辦一場又一場的禪七，使得靈泉寺及惟覺法師受到佛教界的注意。一九九〇年惟覺法師受到媒體的注意，包括前監察院長陳履安在內的政商名人在其座下皈依，更使得惟覺法師的禪法受到重視。一九九一年底一場連續四十九天的禪七，終於奠定惟覺法師在指導禪修上的穩固地位❺。到一九九四年六月底止，他所親自主持的

───────────────

❹　同註❹。

❹　同註❹，頁 128。

❹　同註❹，頁 132。

❺　《臺灣佛寺導遊》㈧，闞正宗著，一九九六年六月初版一刷，頁 129～132。

禪七已近百次，參加過活動的社會各階層人士也逾萬人，惟
覺法師這位近代禪宗泰斗虛雲老和尚的再傳弟子，在短短不
到十年中所累積的知名度與人脈，激發了他建立一座臺灣最
大禪宗叢林──中台禪寺的雄心。

惟覺法師當年出家的祖庭，在弟子輩見性法師的推舉之
下，終於在一九九五年接掌了十方大覺寺的住持之位。而中
台禪寺已在前一年的九月動工了，整個工期預計十五年完工。
為了擴大影響力，自一九九五年度起預計三年內在全臺成立
一百零八座指導禪修的道場❺❷，至「中台禪寺剃度風波」之
前，全臺已成立了四十三座分支道場，擴展速度極快。

「中台禪寺剃度風波」發生在一九九六年的九月一日，
有一批暑假義工（以大專青年為主）四十餘人，在參加由寺
方所主辦的「小星辰禪修營」後，在未告知家人的情況下集
體在惟覺法師的座下剃度出家，引起社會及教界的高度關切。
最後風波雖然在惟覺法師出面澄清之下暫告平息，但惟覺法
師好不容易在禪門所累積的個人威望，是否因此而受到減損，
或是佛教界四十餘年來所建立的成果受到質疑，則有待進一
步的觀察。

惟覺法師為人主持禪七的開示、語錄，以萬里靈泉寺為
主的道場，乃至中台禪寺，都有印贈流通。

3.聖嚴法師與農禪寺

聖嚴法師乃江蘇南通人氏，一九三一年生，一九四三年

---

❺❶　同註❺⓪。

❺❷　同註❺⓪。

在狼山廣教寺出家,一九四九年隨軍來臺任職陸軍通信兵。一九六〇年在東初法師 (1907～1977) 的座下再度出家,一九六一年於基隆八堵海會寺受戒❺❸。

聖嚴法師的再剃度師東初法師出身江蘇鎮江焦江定慧寺,屬曹洞宗派下,為洞山良价第五十代傳人,聖嚴法師自然也就是曹洞禪第五十一代傳人❺❹。一九七八年十二月,聖嚴法師又接受基隆十方大覺寺靈源法師的傳法,法接鼓山湧泉寺臨濟宗派下,法派字號為「知剛惟柔」,成了臨濟義玄之下第五十七代傳人❺❺。也就是說聖嚴法師身兼曹洞、臨濟兩宗傳法。

聖嚴法師著作等身,有律學、阿含、比較宗教學,但聖嚴法師真正的成就卻是「禪」。

一九七五年元月,聖嚴法師在留學日本立正大學七年後,終於獲得文學博士,同年底應美國沈家楨博士之邀赴美弘法。講經說法對喜歡實證的西方人沒有吸引力,美國人接觸佛教和修習佛法,還是以西藏的密和日本的禪為主,聖嚴法師便開始用他在中國大陸和臺灣所用所學的禪修方法,以及在日本所見的禪修形式,開始向美國人傳授禪的觀念和打坐的方法❺❻。

❺❸ 《聖嚴法師學思歷程》,釋聖嚴著,正中書局,一九九三年四月四版,頁 54。

❺❹ 同註❺❸。

❺❺ 同註❺❸。

❺❻ 《佛門人物訪談錄》,林新居等著,菩提長青出版社,一九九三年元月,頁 1～9 之〈中國禪學在美國——訪聖嚴法師〉。

一九七七年十二月，東初法師圓寂，聖嚴法師回臺料理後事，並繼承了「中華佛教文化館」，以及擔任文化大學哲學研究所所長，半年後回到美國，在紐約成立了禪中心，成員以西方人為主，第一本有關禪學的書《禪的體驗》也在此時出版。後來有關禪七開示被陸續翻譯成英文，定期在《禪雜誌》季刊 (*Ch'an Magazine*) 與《禪通訊》月刊 (*Ch'an Newsletter*)，至一九九二年底為止，《禪雜誌》已發行到五十八期，《禪通訊》也發行到九十六期，發行區遍及全球五大洲三十六個國家❺❼。

一九八二年開始，設立英文的禪學著作出版社 Dharma Drum Publication——法鼓出版社，至一九九二年底出版聖嚴法師個人禪學著作共八種，在歐美的英語世界，主持超過六十多次的禪七修行❺❽，是西方佛教公認的禪師。

在臺灣方面，從一九七八年開始，在北投中華佛教文化館及農禪寺，舉行大專青年學生及一般社會人士的禪修活動，十八年來舉辦的禪七亦超過五十場，其中所衍生出來的禪學著作亦在七種以上，比較有名的有《禪門修證指要》、《禪門驪珠》、《禪門三要》等等。

聖嚴法師是臺灣少數在理論與實踐都表現極為出色的禪師之一，無論在東方或西方，其成就都是有目共睹的，雖然他的成就並不局限在禪宗方面，但「禪」的成績卻是其中最好的。

聖嚴法師已於二○○九年圓寂，其創建的法鼓山依然秉

---

❺❼　同註❺❹，頁 156。

❺❽　同註❺❼。

持其禪風推廣各類禪修活動。

(五) 當代有關禪宗的重要典籍

禪宗在臺灣的傳承始終不曾間斷，但是傳承並不等於發展，發展並不等於興盛。禪宗的發展，到現在一直都處於不盛的階段，特別是禪學論著的出現，更是鳳毛麟爪，今就試舉兩書作為代表。

1.印順法師與《中國禪宗史》

印順法師，一九〇五年生，浙江海寧人氏。印順法師這部《中國禪宗史》在一九七三年獲得日本立正大學文學博士，代為申請者正是當年留日的聖嚴法師，其早在獲得博士學位的前兩年，這本書即由正聞出版社所出版。

印順法師之所以會撰寫《中國禪宗史》乃是由於楊鴻飛（圓明）與胡適所激發的禪學辯論所導致的 ❺❾。胡適是在一九五八年四月來臺任職「中央研究院」院長一職，同年十月發表了〈新校定的敦煌寫本神會和尚遺著兩種──校寫後記〉，揭開臺灣地區禪學的激辯，後陸續捲入其中的有東初法師 (1907～1977)、楊鴻飛、張曼濤、錢穆，而主要的時間卻是在一九六九年，距離胡適逝世已有七年之久了 ❻⓪。而總

---

❺❾　見印順《中國禪宗史・序》，一九八八年六月五版，頁 4。

❻⓪　《現代中國佛教史新論》，江燦騰著，淨心文教基金會，一九九四年三月，頁 229 之〈胡適禪學研究在中國學界的衝擊與諍辯〉。

結這次禪學激辯，並把它化為研究動力的印順法師，就是因為一九六九年看到以《中央日報》為主要論場的各家爭辯而起的。

印順法師在廣泛收集資料之後，寫成這一部《中國禪宗史》，成為中國歷史上第一位博士比丘，這部書也就成為近代禪宗典籍中最具重量與學術成就之一。

2.《禪宗全書》與《禪藏》

《禪宗全書》是由當代佛教學者藍吉富所主編，本全書成書於一九八八年四月，原由文殊出版公司出版。本全書共有一百冊，分為「史傳部」、「宗義部」、「語錄部」等幾個大部，內容囊括中外重要史料，為臺灣當前最完整的禪宗工具書。

一九九五年佛光出版社亦出版了《禪藏》一套，但其編校的範圍皆未出《禪宗全書》收集的範圍，唯一勝出的是《禪藏》是全部重新排版，採用新式標點和註解，而《禪宗全書》則是將古籍原典影印之後分類、編排。

索　引

人名索引

十三劃

現代佛學叢書

◎ 為你介紹佛學常識，探討今日佛學的新意義

梁武帝　顏尚文 著

作者以學佛的歷史工作者立場，慈悲且嚴謹地描述梁武帝一生如何在魏晉南北朝亂世中，突破重重困難，創造「皇帝菩薩」新理念，及根據此一新理念而進行「佛教國家」之心靈改革的成敗因素。

本書從東晉南朝「沙門不敬王者」的傳統、北朝「皇帝即如來觀」的影響，及佛教徒的自覺與菩薩思想的傳佈，來探討梁武帝「皇帝菩薩」理念的淵源；並透過梁武帝八十六年生命歷程四個階段的轉折與突破，探討有關創業稱帝與佛教的關係。

內容包括「天監之治」與「佛教國家」的奠定；佛經的翻譯、編纂整理與注解所奠定的佛學基礎；推行「菩薩戒」而建立「皇帝菩薩」地位；禁斷酒肉改革僧團的成功；捨身同泰寺與宏揚阿育王思想的轉折；晚年禍起蕭牆，政治改革改敗與「佛教國家」的幻滅。